法治及其实践逻辑

武建敏 著

法律出版社
LAW PRESS · CHINA
北京

图书在版编目(CIP)数据

法治及其实践逻辑 / 武建敏著. -- 北京 : 法律出版社, 2023

ISBN 978 -7 -5197 -6847 -8

Ⅰ. ①法… Ⅱ. ①武… Ⅲ. ①法治－研究－中国 Ⅳ. ①D920.4

中国版本图书馆 CIP 数据核字(2022)第 110616 号

法治及其实践逻辑
FAZHI JIQI SHIJIAN LUOJI

武建敏 著

策划编辑 沈小英
责任编辑 刘晓萌 任 娜
装帧设计 李 瞻

出版发行 法律出版社
编辑统筹 法治与经济出版分社
责任校对 晁明慧
责任印制 吕亚莉
经　　销 新华书店

开本 710 毫米×1000 毫米 1/16
印张 11.5 **字数** 196 千
版本 2023 年 1 月第 1 版
印次 2023 年 1 月第 1 次印刷
印刷 北京虎彩文化传播有限公司

地址:北京市丰台区莲花池西里 7 号(100073)
网址:www.lawpress.com.cn
投稿邮箱:info@lawpress.com.cn
举报盗版邮箱:jbwq@lawpress.com.cn
销售电话:010－83938349
客服电话:010－83938350
咨询电话:010－63939796

书号:ISBN 978－7－5197－6847－8
定价:78.00 元
凡购买本社图书,如有印装错误,我社负责退换。电话:010－83938349

目　　录

导　论

从近代中国就开始探寻自身的法治发展道路，百年中国法治发展基本上采取的是文本化的法治推动路径，这是一种自上而下的法治改革策略。中国决不是盲目排外，更不会妄自菲薄，而是在寻找一条最适合自身发展的中国式法治发展道路。这条道路不是先定的，它会在法治实践中逐步明朗化；同时它也是一个不断探索的过程，法治实践中各元素的交互作用、彼此冲突渗透、竞争博弈，这个复杂多变的法治实践过程将逐步呈现中国法治发展的基本理路，这正是法治实践的逻辑。在中国法治发展过程中多种元素处在相互冲突、对立与限制当中，在传统与现代之间、国家与社会之间，此消彼长的博弈处在一个运动的过程中。冲突的结果未必会形成一个统一体，矛盾也不可能被最终化解，实践的逻辑不是同一的逻辑，而是矛盾的逻辑，实践的逻辑同样是复杂的逻辑。

一、传统与现代

现代中国法治建设是在具有几千年文化传统基础上所开始的法治谋划与行动，这就必然会出现传统与现代法治之间的复杂关系，其中既包含了矛盾、对立与冲突，也包含着某种程度上的契合。无论我们对传统做出怎样的价值判定，传统都会以其顽强的存在方式发挥它的构造作用，甚至是决定性作用。无论我们在话语和行动中怎样对待传统，传统作为一种内在的力量却直接构造了我们的思想方式和行为方式，传统也必然参与了实践逻辑的构造。传统理应是现代性谋划的存在语境，任何脱离了传统的现代性方案都很难获得自身的合理性价值。

传统与现代的关系不是一种分离式关系，而是一种融合性关系，在法治实践的过程中传统与现代是共在的，是同时要对法治谋划及其实践产生构造力的，这也可以被理解为传统与现代的共时性逻辑。传统与现代在当代中国法治中相互碰撞、构造、较量,没有哪一个要素一定会获得绝对的“胜利”,两者会在法治实践中趋向妥协,温和的实践逻辑就是一种妥协的逻辑,以民主价值为基础的现代性法治要懂得妥协的意义。传统在现代法治构造中的作用方式不是唯一的,而是多元化的。有的传统以一种内在的方式构造了现代人的思维世界,这种情况下传统发挥作用的方式是无形的,无论是积极的建构还是消极的解构,传统都会通过人们的行动对法治实践产生各种各样的影响与构造。有的传统是一些具体的元素,在今天人们的观念世界中仍然存在良好的认同,这样的传统可以通过现代人的法治构造将其合理地吸收为现代性法治的内在元素,如“亲亲相隐”“存留养亲”“三不去”等作为制度的传统应该被整合为现代法治的有机组成部分。我们不必要想当然地认为现代法治中设定的元素就必然是正确的,从某种抽象的理念出发设定的规则可能会背离理念本身的原理。实践的逻辑是一种合理性选择的逻辑,认真对待传统,正是实践逻辑的内在要求。

二、国家与社会

国家与社会是一个分析框架,其本身既可以被看作一种理论,也可以被看作方法论。国家和社会是不同的,国家是国家,社会是社会;国家要做国家应该做的,社会要做社会应该做的,否则就很难真正地构造现代性法治。国家与社会之间的关系也是很密切的,社会是国家的基础,国家也会对社会具有反作用,这种观点内在地包含在马克思主义理论当中。但问题的关键在于这个反向的作用力要有一个限度,国家不能无限制地干预社会。在一种理想的法治状态下,以真正意义上的现代性法治精神的牵引为前提,国家与社会之间的关系应该坚持平衡中庸的原则,这是一种实践合理性的精神。

在传统中国国家与社会的关系实践中,总体上国家(儒家意识形态)向社会的渗透是比较深入的,国家与社会之间很少存在对立,充其量是一种紧张关系。弥漫于国家和社会之间并能够真正发挥良好的平衡作用的元素是儒家的伦理道德,它是在国家和社会之间通用的法则。当代中国正在建构国家和社会治理体系,在国家与社会协调发展的理念指引下,社会的归社会,国家(政府)的归国家(政府),

这是一种简单而深刻的关系，其实践的逻辑符合事物的本性。

为此，我们的法治实践活动既要谋划国家（政府）行为的合理化，又要积极筹划社会法治行动，挖掘社会中各种各样的自主性法治资源，从国家与社会两个层面推动中国法治进程。我们要把政府建设成为“职能科学、权责法定、执法严明、公开公正、廉洁高效、守法诚信的法治政府”。这就要改变政府的运行机制，不要把政府作为一个利益主体，要真正地把政府仅仅当作一个公共权力主体，按照公共权力的现代运行理念使政府行为日益合理化。这样的政府将不会侵犯社会的自组织运行机制，而是赋予了社会以自治性空间。我们要发挥一切社会的力量，在与国家的协调统一中真正推动法治社会的全面发展。法律人不能仅仅盯着国家的立法系统，以为只要立法先行，就可以很好地解决现实问题，这是远远不够的。作为法律人要积极参与到法治社会的建设当中。他们要深入农村，去体会中国基层法治的运行机理，去感受乡民社会中的知识与权威。他们要在农村开展法治教育，但他们不是高高在上的主导式教育主体，而是要采取一种平等基础上的嵌入式教育，认真对待乡民社会自身的治理元素。乡村法治行动会在中国法治进程中扮演重要的角色，法治中国的构造也需要“农村包围城市”。不实现农村的法治现代化，就难以在中国社会建设成功现代性法治，就如同当年不解决农民问题就不可能取得革命的胜利是一样的道理。也许，“农村包围城市”正是一种中国式法治发展的基本路径。

三、必然与偶然

必然性与偶然性的问题是哲学上的重要范畴，也是社会实践过程中两种不同的力量。它们在实践中都扮演着非常重要的角色，发挥着基于各自优势的功能。在过去很长一段时间内，人们对历史实践的解读更多地采取了一种必然性的立场，于是决定论和客观主义大行其道，但凡有人说几句主观的话语，就会被贴上唯心主义和主观主义的标签。然而，过度地强调必然性造成了很多问题，历史实践本身丰富多彩的元素被遮蔽了，它变成了一个没有“人格”的自然过程。我们并不否认历史实践在归根结底的意义上蕴含着一种必然性元素，但这只能在归根结底的意义上去理解，否则就会陷入决定论。事实上，历史实践的发展过程往往充满了偶然性，尤其在历史的关键点上偶然性的力量往往可以改变历史实践的发展方向。无论是作为个体的人，还是一个历史事件，其实在本质上都是一种偶然性。英雄可以创造历史，事件可以改变历史。尽管我们不能对必然性和偶然性在历史实践中发挥作用的比例做出明确的把握，但我们必须特别珍视偶然性的历史实践价值。

在法治实践中，在归根结底的意义上存在一种必然性，如历史条件对法治实践的限制、传统对法治实践的牵引，这都具有不可改变的必然性意义。但这并不意味着认识了这些必然性元素，我们就可以获得自由，其实这恰恰是我们不自由之所在。而偶然性在法治实践中同样扮演着非常重要的角色，在法律发展史上的法律事件、政治事件等都可能成为法治发展的决定性力量。事件本身当然不是孤立的存在，它首先不能离开人的元素。无人驾驭的历史事件固然会在法治发展中发挥其自身的作用，但特别的"人"的在场往往会改变法治发展的方向。偶然性与必然性的实践逻辑，是一种辩证逻辑，具有鲜明的情境主义色彩，它需要实践智慧的驾驭，实践智慧的登场将改变关于必然性与偶然性关系问题的空洞叙事。法治实践不能被一种抽象的必然性话语所左右，但若是人们缺乏了理论自觉而任凭抽象话语的控制，则会对法治实践产生负面的影响，法治的历史就会变得空洞，法治发展的实践过程也会变得索然无味。必然性与偶然性的关系是复杂的、动态的，它具有一种导向实践智慧的逻辑法则。

必然性与偶然性的逻辑是实践中的逻辑，任何将其抽象化的理论认知都可能是有问题的，理论的把握和概括总会存在局限性。可能的状态是，有的情景下必然性显现了自身的存在力量，有的情景下偶然性彰显了自身的创造性力量，这当然需要实践智慧的切入。但我们首先应该做的就是不能被传统的必然性与偶然性的关系理论遮蔽了自身的思想视野，认真对待偶然性是实践的内在要求。法治实践的逻辑在本质上是充满复杂性的，必然性与偶然性的实践逻辑也是充满复杂性的。事物发展的复杂性逻辑往往与必然性和偶然性的实践逻辑是统一到一起的。也许，语言并不能澄明我们所面对的一切对象，我们在"行动"中更容易接近真理，真理是实践中的真理。

四、普遍与具体

将普遍与具体的关系问题看作是法学的基本问题,这也就意味着法律生活要面对着两个世界,一个是普遍世界,另一个是具体世界。普遍世界就是我们称为普遍规则的文本世界,具体世界就是我们所面对的具体案件的纠纷世界。法律的使命无非就是要运用普遍世界的原理去解决具体世界的问题,这是一种法治实践的逻辑。但是具体世界的问题往往不能按照文本世界的普遍规则合理地解决,于是就需要考虑具体情境的实践逻辑。在具体语境中,我们要根据事物本身的需要去探求另外一种普遍世界的原理,甚至我们需要在特殊语境中去创造一种基本原理,问题解决的同时也构造了普遍的原理。

普遍与具体的实践逻辑同样需要实践智慧的介入,这当然也是主体自身的一种慎思,因此这种实践逻辑也是思想的逻辑或理论的逻辑,不能把理论和实践加以对立,理论和实践在根本上就是一回事。实践智慧既蕴含了对道德价值的追求,同时也意味着恰到好处、游刃有余的处事智慧,当然,其本身也意味着一种恰当的生活。法治实践的展开需要智慧的在场和价值的嵌入,更需要在关键点上对问题恰如其分地把握和解决。法治实践具有一种深沉的目的论关怀,而这种关怀的根本指向在于一种恰当的生活。我们很难对法治运行中普遍与具体的实践逻辑做出完全知识化的梳理,更需要以实践智慧的立场认真体会和把握普遍与具体的实践逻辑。对中国法治发展实践逻辑的把握所依赖的前提不是文本世界的架构,而是要全身心地投入中国法治建设当中,体验法治实践的具体性,洞悉法治实践的复杂性,在此基础上谋划法治发展的方略。

中国法治发展中的普遍与具体的问题同样也要回应世界问题。中国自身的问题固然是具体的,是特殊的,但我们在解决这些具体问题的时候却不能忽略世界的背景,也就是不能抛开普遍性、共性去解决中国的具体问题。问题的解决往往有多种思路和路径。中国法治实践中的问题自然会有中国式的解决方式,但这样的解决策略往往不具有提升"对象品质"的功能,也就是说不能在解决问题的过程中让问题本身所承载的内容获得普适性的价值。这样的法治实践及其所生成的知识便是有问题的。中国的问题固然是中国的,但如果我们对待它的方式不具有世界价值,我们的法治理论乃至整个的法学理论就不会具有某种为世界所认同的元素,我们也就不能和世界进行有效的对话。现代社会的世界化程度已经达到了前所未有的程度,世界性的普遍问题及其所呈现的智慧已经进入了我们的法治实践当中,无视世界性的维度,就难以用高品质的方式解决中国问题,那对于提升中国社会的法治质量将是有欠缺的。

第一章　中国古典法治

按照流行的观点,人们普遍认为在古代中国是不存在法治的。这是一种西方法治中心论的观念,仿佛只有近代欧洲所开创的自由主义传统才构成标准的法治形态,而在其他区域内则不存在本土的法治类型。事实上,这是一种将个别法治类型普遍化的思维方式,它遮蔽了法治形态的多样性。即便是在欧美的历史上也不能单纯地用启蒙的法治观囊括一切法治形态。相比之下,还是亚里士多德的"法治概念及其原理"更具有一种包容性,理应得到重新诠释,以生成一种思想原理。在中国古代社会,既有儒家的法治类型,也有法家的法治类型,单纯的儒家或法家的法治类型是知识形态的法治理论,但它们都有着各自的实践指向。而在历史上实际流动着的法治则是儒家与法家共同构造的结果,当然它也受到了古代社会结构以及人们的文化心理结构的深刻塑造,同时还包含了其他学派文化的局部构建。我们需要深入到思想的内部和实践的运行机理当中去把握传统的法治资源,这对当代中国如何选择法治发展道路是非常有益的。

第一节　儒家的法治及其实践逻辑

在中国古代社会中存在各种形式的法治资源,儒家作为古典社会的一种理论形态的知识系统包含了诸多可资借鉴的法治"财富",认真反思儒家话语中与法治相关的思想对当代中国的现代性法治谋划有着非常重要的意义;同时我们也要认真对待儒家化的历史实践,儒家化法律实践的形态是分析儒家法治的宝贵资源。

中国古代社会存在多种理论形态的法治类型,[1] 儒家法治是契合于中国人的文化心理结构的法治类型。尽管儒家思想家在其自身的话语体系中并没有一个明确的法治概念,但这并不妨碍儒家思想中作为一种合理的法治类型的存在。有的人整天喊法治口号,但口号中却并没有实质性的内容,而儒家并没有法治的口号,但却包含了重要的法治精神,这种法治传统不仅属于中国古典社会,同样也属于当代中国,这需要合理的解释。

一、儒家思想视域下的法治

现代人有一种优势,他们具有批评古人的得天独厚的主体优越性。历史好像是由现代人说了算的。但现代人的观念并不就是客观的,观念本身也不可能是完全客观的,绝对意义上的客观性是不存在的。现代人习惯于从自己的立场出发去评价古人的法治生活,标准体系的异质性决定了难以实现真实中肯的评价,但我们还是应该尽量使评价本身具有良好的实践合理性。对于社会大众来说,他们并不去思考传统中国是否存在法治的问题,他们生活在由习性和习惯所构成的传统当中。但他们很少反思自身的生活样态,尽管有时候他们也感受到了生活本身的局限性。面对传统中国的众多元素,学人们要给出自己的判断,主观的判断与历史进程的结合还是会生成主观性的知识,主观化的知识已经左右了现代学人的思想与生活。在关于中国是否有法治的问题上,学界多数人认为,传统中国并不存在什么法治。遵循这样的思路,儒家当然是不可能有法治的。多数现代学人认为

[1] 目前所论及的传统中国知识形态的法治类型中没有涉及道家,这是因为笔者狭隘观念驱使的缘故。原以为道家多法律虚无主义论述,便不会有法治,其实这是大错特错的看法。道家的法治观是异常深刻的,或许可将其概括为"无为主义法治观",此种法治类型高远澄明,境界精微。但这种法治类型由于不合乎某些群体的利益结构而难以在社会上绵延传承,其思想之魅力需获深究之后方可发扬光大。即便如此,道家的法治观还是能够在中国历史上的某些时代的某个阶段获得实践的效力。或许只有道家的实践智慧才算是真境界。笔者认为,道家哲学中包含了深刻的法哲学元素,在原初道家开创的思想传统绵延过程中,魏晋玄学承接了这一卓越的思想系统,其中所包含的法哲学与先秦道家气质相通,是今天我们开创中国法哲学的重要学术资源。

儒家是人治[1]、专制、德治,但没有法治。这是一个不能令人信服的判定。

这种判断所依据的是西方启蒙运动所开创的法治原理,我们可以将这种法治主张看作是现代性法治或者启蒙的法治观。[2] 现代性法治总是与一些基本的价值理念联系在一起的,如民主、人权、程序理性、自由、平等、个体尊严、权力限制等,这些价值构成了现代性法治的价值依托。这种观念已经渗透到了现代法律人的思维方式当中。这个观念本身或许是没有问题的,但这个观念在中国的普遍化则一定会酿出很多麻烦。诚然,在传统中国社会的确不存在当代人所信奉的现代性法治类型,但这并不意味着传统社会就没有法治。现代性法治只是法治类型中的一种,并不能代表所有的法治类型。我们不能将某一种单一的法治类型普遍化,进而用这种法治类型代替所有的法治类型,这在思维策略上是有问题的。我们可以将亚里士多德关于法治概念的两个要点作为"法治普遍"加以看待,而凡是满足了这两个基本要点的"法律运行状态"都可以被看作或定义为"法治"。按照这样的理路,则中国古代社会当然有好的法律,恐怕以儒家思想为依托的《唐律疏议》应该算是最好的法律了,而这部法典应该说总体上获得了普遍的遵守,最起码在某些历史阶段是如此。那么,我们为什么就不能说中国古代社会存在法治呢?只不过古代中国的法治与现代性法治所内含的价值系统存在巨大差异而已。当代人是站在了现代性价值的立场否定了传统的价值系统,在某种意义上说法治类型之间的差异乃在于价值系统的差异。

当我们追问儒家思想中是否存在"法治"的时候,是在理论形态上讲的。判断一种学说是否主张法治,不能仅从某些话语表达得出一个固定的结论,它同样需

---

[1] "人治"当然不是个"坏东西",这一点正在日益获得人们的认同,至于认同的程度自然是有差异的。这里有一个理解的问题,若是从"贤人之治"的角度会获得更多人的认同;若是从任意性的角度则自然会受到人们的谴责;我们可以从"贤哲政治"的立场理解人治,在理解古代"法治"的时候也需要从"贤哲政治"的角度加以把握,这样便会有一个新世界存在。而段秋关教授的观点可能会有更多人赞同:"从价值判断看,人治并不坏,只是不适合现代社会而已。作为现代国家运行模式的法治,本身亦非万能,存在着相互推诿,程序繁琐,效率不高,多数人失误等不足。从性质类型上看,中国古代的'礼治''德治'或'法治''礼法合治'都属于人治范畴。当代世界已实现了法治的只有二十多个现代国家,我们正在向法治国家的目标迈进。"参见段秋关:《现代法治与古典法治——兼论中国法治的历史根基》,载《西北大学学报(哲学社会科学版)》2016 年第 4 期。

[2] 这种法治观根深蒂固,也可以称为自由主义法治观,因为其政治哲学的前提是自由主义。中国法学界受自由主义影响比较深厚,站在自由主义法治立场评价古典中国的问题也就在情理之中了。

要我们今天的诠释。尽管这种学说并没有使用法治的概念,但经过解读之后,我们同样可以用法治的概念称呼这种学说中的法律主张。儒家思想家并没有使用过法治概念,但这并不能说儒家就没有法治。尽管在道德治理与法律治理之间,儒家更倾向于道德治理,但这不意味着儒家是反对法治的。在儒家的经典要义中,法律的地位是较低的,而法律之所以地位偏低,也是因为和道德比较的结果。作为治理的需要,儒家思想家深知法律的重要性,他们所需要的不是那种只顾杀戮的法律,而是以道德作为价值合理性基础的法律。当然,他们并不否定法律的严厉性,在某些儒家思想家中也有某种重刑主义的特征。〔1〕倘若法律能够契合儒家道德伦理的需要,满足伦理主义的期待,则恰恰是儒家所欢迎的法律。儒家不是反对法律,而是要让道德嵌入到法律当中,构成法律的灵魂。荀子讲"隆礼重法",这当然说明儒家不反对法律(法治)。儒家传统中的一个极为重要的维度就是"礼","礼"本身也是法律,违反了"礼"同样会受到国家机器的制裁。在礼治的思想视域下,我们更没有理由认为儒家反对"法治",儒家的礼治本身就是一种法治。而且这种礼治法治观在儒家实践化的过程中参与构造了中国法文化的整体结构。在这种认识前提下,我们可以说儒家主张德治,也可以说儒家主张礼治,还可以说儒家包含了法治,德治、礼治与法治是融为一体的,〔2〕甚至可以说德治、礼治与法治本就是一回事,其间彼此渗透、相互共存,有机地融合到一起。儒家的法治是以道德为基础的,它可以吸纳一切有益的要素,是一个开放的系统,是一种包容性法治。

在儒家思想体系中包含着重要的法治思想元素,这是在一种无偏见立场下的认识结论,是亚里士多德"法治概念及其原理"视角下的分析结果。正是由于儒家以道德为基础和前提去思考和架构法律,法律才可能具备价值基础,并因此获得

---

〔1〕 有研究者认为,重刑主义是基于性恶论和法家思想。参见黄瑞敏:《反思中国古代重刑主义》,载《学术研究》2012 年第 10 期。这种判断其实是有问题的。重刑主义的产生也可能是内在表达了一种道德的立场,恐怕道德直观在重刑主义发展中起着很重要的作用。至于说历代王朝的严厉惩罚,则应该是出于一种政治秩序的需要,不会去考虑繁杂的理论问题。

〔2〕 儒家的"德治"就是儒家的"法治",儒家的"礼治"同样也是儒家的"法治",这是一个理解的问题。我们也可以这样去加以考虑,儒家的学说既不是"德治",也不是"礼治",同样不是"法治","德治""礼治""法治"都是现代人便于分析而经常使用的概念,更为合理的表述或许应该称为儒家的"治道",其本身自洽地融合了"德治""礼治"与"法治"。

“良法”的美誉。儒家并未使用“良法”的概念，但无疑内在蕴含了这一思想指向。正是因为儒家所讲的道德基础的缘故，法律才可能得到人们广泛的认同和遵守。儒家思想在基础层面上契合了亚里士多德的简约化法治理论，构成了中国社会发展的一个不可逃离的话语体系。历朝历代都在强调道德的重要性，但同时高度肯认法律的价值和功能，他们是要将道德与法律有机地融合在一起。[1] 这种传统一直延续到当代中国，今天在讲“以德治国”和“依法治国”相结合的时候，我们更重要的是要考量道德与法律的融合，而不能将道德和法律分开。但这并不是要忽略道德与法律的差异，在现实的法治运行过程中，我们还是要弄清楚道德与法律各自的边界，否则逾越了边界就会损伤自身的尊严。在某些情况下儒家将道德和法律混同了，道德超越了自身的边界，承担了法律要承担的功能，法律超越了自身的边界，承担了道德所要承担的职责，这对道德和法律都是有伤害的，今天的法治谋划要避免这种现象。

儒家是有法治的，这种法治是一种融合式的法治类型，其间既包含了道德，也包含了礼，同时还包含了法律，而法律在一定意义上讲又统合了礼与道德，好像也只有法律才可能具有统合礼与道德的力量。用常规的方式去把握法治概念，则法治无非就是一种用法律治理国家与社会的方式，至于它所容纳的现代性元素只是现代人赋予的，实际上是充满主观性的，尽管这种主观构造存在一定的历史依托，只不过这个依托本身在自身合理性上被无限放大了。概念本身表现了概念使用者的价值系统。儒家的法治当然也有自身的价值系统，这个系统就是儒家所主张

---

〔1〕 儒家是在强调道德构成了法律的基础，法律必须返回道德，在道德世界寻找自身的合理性基础。这一点与康德具有相似之处，康德用另外一种形式凸显了法律返回内在道德世界的深刻哲理。“从‘自然法则’转移到‘自然法权’（自然权利），使之从一种外在束缚的法规引申为一种内在自由的自身立法（自律），从而归结到道德上来。康德把外在法律视为引向内在道德的一个桥梁，并在其中运用了第三批判中的‘反思判断力’的原理，使自然法则成为道德法则的一个‘模型’（Typus），把传统道德建立于法律之上的模式颠倒为将法律建立于道德之上的模式，具有革命性的意义，但这一革命仍然不彻底。”参见邓晓芒：《康德论道德与法的关系》，载《江苏社会科学》2009 年第 4 期。

的孝道伦理、礼义廉耻、中道[1]诚信，这个价值系统在中国古代社会是合理的，古代法律依据这个价值系统而赋予了自身重要的合法性。当然，一些人还是愿意在现代性的立场上去理解法治，这也没什么问题。问题的关键在于，我们不能用现代性法治去否定儒家的法治，普遍与特殊的关系问题恰恰是我们把握法治问题的辩证法前提。只有我们的思维方式发生了变化，关于法治的认知才可能逐步趋于合理化，用一个具体否认另一个具体的做法是有问题的。每一种法治类型都有自身的优越性，儒家法治的优越性不仅存在于古代中国，即便是今天我们依然能够感受到儒家法治类型中诸多元素的影响和渗透。这就是传统的力量。

二、儒家法治的"三个主义"

儒家的法治作为一种知识形态有着自身重要的特质，在理论上既不同于法家的法治类型，也与历史实践中流动着的法治类型有着某些差异。儒家法治类型是有儒家思想家所创造的理论形态的法治类型，但其本身一开始就具有实践面向。它是对于中国早期社会治理活动的一种理论把握。儒家观念本身的实践性，印证了理论与实践的内在统一性。儒家法治观原本就具有实践理性的特质，它不是要创造一种单纯的思想体系，而是为了谋划一种实践合理性，以期在现实的层面上获得对象化的效果。因此，从思想的根本旨趣和指向上看，儒家法治的实践性、现实性、实用性的基本特质是这个理论获得生命力的重要根据，儒家的法治不是书斋中精妙的"善本"，而是要改造现实生活的思想渊源。

（一）儒家法治类型中的道德主义

在这里将会使用两个看似雷同的概念，即道德主义和伦理主义。道德和伦理是两个不同概念，不能相互取代。在数十年伦理学和法学研究中，人们习惯于将

---

[1] "中庸是道德的形式原则。"参见陈少峰：《中国伦理学史》（上册），北京大学出版社1996年版，第20页。这是一个非常重要的判断，学术界很少有人从"道德的形式原则"的角度理解道德。"中庸"乃是一种"德"，"中庸之为德也，其至矣乎，民鲜久矣"，中庸就是要在行动上恰到好处，恰到好处应该是一种形式化的要求，因此中庸乃是一种形式道德原则，这是一个很重要的思想原理。我们可以判定，在孔子的思想观念中，"道德的完美性是通过'礼——中庸'体现出来的；中庸所表现的就是礼的特征。"参见陈少峰：《中国伦理学史》（上册），北京大学出版社1996年版，第20页。"文为德之礼，质为内在道德情感与真诚向善意志甚或德行，这是德的极致，也是礼的极致，尽善尽美。"参见陈少峰：《中国伦理学史》（上册），北京大学出版社1996年版，第21页。由此，则"文质彬彬"。

这两个概念混同使用。但这是有问题的，如道德的自由意志问题，是很难用伦理的概念囊括的，道德就是道德，它的自由的精神涌动无法从伦理概念中获得；而伦理的关系责任，那种顶天立地的担当气魄，也很难用道德取而代之。道德与伦理是应当严格区分的，它们的哲学依托和实践面向都是有区别的。

在儒家的观念中，思想家们是要给法治奠定一个良好的道德基础和前提。国家要进行有效的治理，不讲道德是不可以的。儒家思想虽然是孔子系统地开创出的学术流派，但它的源头却在西周早期的占统治地位的思想系统当中，其中包含了深刻而浓厚的道德主义传统。西周早期的统治者为了解决自身存在的合法性问题，提出了“皇天无亲，唯德是辅”〔1〕的重要思想。这就是说天命所保佑的统治者并不是固定不变的，上天只保佑那些具有德行的统治者；上天并不特别地亲近某一个统治集团，而只是认同和支持有德之人；这样的道德无疑蕴含了重要的“法治”思想，这种道德恰好体现了对统治者的“限制”，用道德进行限制的思想使儒家的法治与贤哲政治相连，这是儒家一直坚持的治道理念。因此，作为统治者的周天子必须培育自己的道德品质，否则就失去了自身统治的合法性；同时，“天意”也并非不发挥作用，只有把道德和天意结合到一起进行统治，统治者才能够进行有效的治理。当然，“德”不是只有“形式”的空洞概念，它有着丰富的“内容”。对统治者而言，其德性与德行可以表现在祭祀活动对于上天的敬仰之中，也可以表现在对祖先的尊崇，同时还表现在对于平民的关怀。而德之所以为德者，〔2〕不仅要在行为中加以体现，而且要表现在内心的真挚态度之中，如果在祭祀天的活动中没有内在的尊敬，是难以得到上天的保佑的。

---

〔1〕《左传·僖公五年》。

〔2〕对于“德”字，我们还需要做更深刻的文字学和文化学的考察，有学者在充分研究的基础上展示了“德”字别样的风貌。“德”字有“以弓缚手，牵之以祭”的古义。经过考察之后，他又提出：“‘德’、‘贤’、‘臧’（善）都是褒义之词，它们的本义都与战争有关，或以绳索牵系俘虏以归，或徒手制服俘虏，或以戈震慑俘虏。因为他们是胜利者，故而得到颂扬，沙场上的勇武之举便得到道德舆论的称赞。而‘臣’则作为战败者，以其降伏之状，从反面衬托着战胜者的勇武。今天，当我们面对‘德’、‘贤’、‘善’字时，似乎仍感受到它们作为人类优秀品质所散发的祥和美好的光环，而其中沉淀了数千年的刀光血影却早已毫无踪迹。”参见武树臣：《寻找最初的德——对先秦德观念形成过程的法文化考察》，载《法学研究》2001 年第 2 期。

原初儒家的道德是一定要有心灵在场的,[1]但在后世生活演进中道德被形式化、虚伪化。失却了心灵,也就丢失了道德。与“以德配天”联系在一起的就是要在刑罚制度方面贯彻“明德慎罚”的思想,并以此作为国家立法和司法的基本指导思想。“明德”当然就是对于道德的崇尚,对于教化的高扬,也就是告诉统治者要首先用道德来完善自己,只有自己的道德完善了,才能够在行为中真正地实现道德,也只有这样的君主才能够获得民众的认同。这种思想影响深远,与儒家所讲的内圣外王的道德和治理理论在本质上是一致的,可见儒家对于西周思想的吸取甚多。那么在司法行为当中,对于道德的提倡自然要求实施刑罚的审慎与宽和,治理国家要以德教为本,刑罚要宽缓,不能错杀无辜。[2] 这正是道德作为法治基础的种种表现。

在春秋战国时代,儒家的思想家们又从不同的角度完善充实了道德主义的基本主张,赋予了道德以本根性的地位。无论是孔子对“为政以德”的强化,还是孟子对“善德之端”的论证,均为道德主义之鲜明体现。为什么要“为政以德”? 这是一个很重要的政治哲学问题。有学者认为:“‘君子之德风,小人之德草’的譬喻,是他论道德力量的格言,而且影响很大。对于这句话,我们可以作别种理解。即君子之德推己及人,小人之德求利为己,在君子之德的推致过程中,小人之德不能

〔1〕 当然,这不能做绝对的理解,即使在后世儒家哲学家的思想论证中,心灵依然是在场的,但在生活实践中心灵的确出现缺席的境况。有学者曾探讨儒家心灵哲学,乃是用道心归化人心,用性正人心及“情”。“本心或性是天生的材质或实体。它无疑具有绝对的优先性,即绝对的本源。而人心则是这个本源者产生出的产物,即性生心。心、人心或意识属于性的产品,类似于大脑与意识的关系。尽管后来的理学家用体用论模式解读心性关系,即性是体、心为用,似乎避免了经验的先后关系,但是,从逻辑来看,体依然在先,且是后者的决定者。因此,性与心的天然关联决定了二者之间的关系。这个关系便是性主心。在儒家们看来,作为德性的本心、道心、良知无可挑剔,而作为意识的人心却不可靠,甚至危险。故,他们一致主张寡欲或正心等。端正人心的法宝便是性,比如孟子的本心、王弼的自然之性、朱熹的道心、王阳明的良知等。在儒家看来,率性、循理便可以正人心。性因此成为人心之主。也就是说,在传统儒家哲学体系中,作为性质的性,通常是作为意识的心的主宰。德性主宰意识。这应该是传统儒家的心灵哲学纲领或第一原理(first principles)。”参见沈顺福:《论儒家心灵哲学纲领》,载《社会科学家》2017 年第 1 期。这应该算是对儒家心灵哲学的一种二分法,但的确也具有方法论的示范作用。至于在实践中是否可行,则是另外一回事。儒家的“道心”其实已经被悬置为一种客观的精神,而不可能是人的本性。能以道心归化人心者,只能是圣人。

〔2〕 儒家的这种思想本身就具有鲜明的实践指向,关于儒家实践理性的法哲学意蕴,参见武建敏:《实践法哲学:理论与方法》,中国检察出版社 2015 年版,第 40 ~ 97 页。

抬头,因为君子之德美,小人之德恶。从更广阔的意义上来说,由于君子之德是那么完美无缺,灿然明亮,故此,其他德行欠缺之人就会自动拢靠君子。这就是他为政以德的理论根据。"[1]这种论证是有道理的,揭示了孔子为什么主张"为政以德"的理由和根据。道德的作用当然是强大的,崇高的道德自然会有一种良好的示范作用。但是其中也有问题,君子和统治者的道德风范如何能够做到感召世人呢?是上行下效的心理机制吗?但无论如何,儒家是看到了道德的重大意义。孔子固然憧憬道德,但并不因此就反对法律和惩罚,不过他反对"不教而杀",这是道德教化在先的仁者使命。道德与法律、德治与法治都是政治国家进行治理的良好依托,孔子不可能不明白治理的基本道理。除了用道德进行教化和归化世人之外,"为政以德"还包括了"制礼作乐"的基本维度,这就可以看作是儒家的伦理主义维度了。

(二)儒家法治类型中的伦理主义

中国文化发展的历史其实是伦理主义压倒了道德主义,甚至可以说是伦理"绑架"了道德,从而使道德呈现出高度伦理化的特征。当道德一旦被局限在伦理主义枷锁中的时候,道德就缺乏了卓越与崇高,仿佛只要满足了伦理的法则就可以实现道德的追求,但契合了伦理要求的道德可能是狭隘的,于是道德被套进了一个固定的空间,很难实现"道德议题"的公共转向。原本璀璨多彩的道德世界只有局限在君子范围当中,至于普通民众就变得只在意伦理而轻视道德。[2]这种现象延续在历史中化为了人们的心理结构。然而,道德作为一种内在法则,对伦理依然具有一种构造的功能,有人想挣脱伦理的束缚而不去承担责任的时候,道德的牵引依然具有强大的力量。从理论上讲,伦理需要夯实自身的道德基础,以内在的自觉趋向于伦理,则道德与伦理就会实现完美的结合。只有破解了中国道德与伦理的难题,才能够真正理解中国问题。道德与伦理是两个不同的概念,又是两个互动的范畴,难以做出绝对二分法的评述。明确了道德与伦理的区分,自然

---

〔1〕 陈少峰:《中国伦理学史》(上册),北京大学出版社 1996 年版,第 23 页。这种"为政以德"的政治哲学也就具备了雄厚的内在论依托。

〔2〕 这难免会使伦理出现"形式化",虚伪也就无法避免。王弼曾经说过:"仁义发于内,为之犹伪,况务外饰,而可久乎?故夫礼者,忠信之薄而乱之首也。"参见楼宇烈:《王弼集校释》,中华书局 1980 年版,第 94 页。德不养于内,礼不成于本心,结果便是虚伪。

也就知晓了道德主义与伦理主义的界分。儒家法治既充满了道德主义情愫，又渗透着伦理主义的意蕴。

儒家法治类型的伦理主义表现在很多方面，但其核心当然还是家族关系伦理的法律化。儒家法治对于家族伦理的强化首先表现在单纯的家族伦理的法律化，在一个家族内部家长的至高无上的权威和尊严及权力，得到了根本性的凸显。[1]家长对晚辈们拥有决定其命运的权力，其成长中所涉及的教育、职业、婚姻等各项内容均由家长操纵决策，不怕辛苦的家长未必是出于自私自利的心态。他们的决策恐怕都是以家族利益为枢纽的。这种权力的运行方式是合法的，这是法治伦理主义具有基石性的运作机理，也是传统伦理主义文化的重要基点。这样的伦理主义法治在儒家文化的合理性论证前提之下向两个方向全面地加以展开，一个是民间的维度，另一个是国家的维度。民间治理的秩序依靠儒家伦理，民间社会呈现出了全面儒家化的现象，这当然和儒家伦理思想与民间社会的基本结构之间的契合性有关，同时儒家固有的“实用理性”的原则也满足了民间社会的“利益驱动”，这便使儒家思想很容易在民间社会获得认同。国家治理秩序同样实现了伦理化，而其伦理化的结果是形成了等级化的基本政治社会结构。同时也生成了每个等级的道德规范，君王有君王的道德，臣下有臣下的道德。政治社会构成了一个伦理的结构，与此密切关联的法治自然也强化了自身的伦理主义特点。儒家伦理构成了整个政治法律社会秩序架构的核心元素。

儒家伦理向民间治理秩序的渗透可以看作是儒家伦理在社会层面的展开。家庭、家族和村落的秩序在很大程度上是由儒家伦理所框定的秩序，谁若是破坏了民间社会伦理的结构，谁就要受到国家和社会的制裁。在传统中国，一个不孝顺的子孙，他在民间社会的生存就会受到严重的限制。一旦有人破坏了伦理秩

〔1〕 尽管人们在语言的表述上往往凸显了家长的绝对权威，但家长的权威也并不是绝对的，家长的行为也会受到合理性的节制，否则任何伦理都会失去自身存在的合理性根基，家长的决策必须考量生活世界中与儒家伦理相契合的“大义”，离开了“义”的标尺，则家长的权威会受到损伤。例如，尽管按照古代的伦理与法律，妇女并没有离婚的权利，但若是丈夫殴打了妻子的父母双亲，道理上可以被判定为“义绝”，则妇女在实际上也是可以主张离婚的，这依然是伦理主义的特征，并且是对绝对伦理主义的反对，与儒家实践哲学颇相契合。另外，我们从儒家关于“大杖则走”“小杖则受”的伦理教育中，也能感受到儒家伦理主义的非绝对性及其实践哲学的重要价值。

序，则民间社会本身就会反弹出一系列的社会化的制裁措施。一个破坏了伦理结构而与他者通奸的人，除了法律要给予制裁之外，民间社会的制裁更是一种长期持续的运行方式。通奸者会由于自己的丑陋行径而遭到乡民的谴责与痛斥，他（她）将在村落中过一种“抬不起头”的生活，会成为人们议论的对象。他（她）不仅不会有任何机会参与乡民社会的政治活动，而且也会被排斥在常态化日常生活之外。尽管律典中对通奸是要加以制裁的，但乡民社会中诸多通奸的事例并没有纳入国家机器的制裁范围，真正制裁通奸者的使命是由社会本身的治理模式完成的。

在国家层面上伦理主义的强化也是明显的，伦理的法律化在国家治理层面上几乎全面渗透。国家的伦理结构是以家族的伦理结构为起点的，两者处在一种同构的关系当中，国家伦理是家族伦理的延伸与扩展。如果说在家族伦理中贯彻了“亲亲尊尊”的基本理念的话，那么在国家伦理中还贯彻了“高低贵贱”的基本原则，这就形成了一个基本的伦理主义的等级架构，而在这个架构中居于核心地位的是皇帝。但这并不意味着皇帝拥有一切事务的唯一决策权，在伦理秩序的基本架构中大臣们也是要参与决策及国家治理的，这就是所谓的“君臣共治”。〔1〕“中国古代的共和思想起源于先秦儒家。先秦儒家大都坚持维护贵族政体，主张限制君主独断专横的权力，要求各级贵族在天子诸侯面前有更多发言权。”〔2〕当然儒家的共和并没有突破君臣之间的等级边界，这其中依然是有主有次，主次结合恰恰塑造了“君臣共治”的矛盾统一体，这与法家主张具有某种绝对性的君权论大相径庭。在相对的伦理关系中君臣双方均有自己的权利义务。尽管秦汉之后，法家对政治的影响日益深化，但在国家治理的基本架构中“君臣共治”并没有被消解。从汉代一直到清代，总体上并不存在由皇帝一个人说了算的局面，最典型的要算

〔1〕“君臣共治”同时是儒家道德主义的思想表达，因为道德具有限制君王权力的重要功能。中国政治国家自古就是个政治共同体，其间存在多重的伦理关系，他们的命运同时系于这个伦理共同体的兴衰当中。李世民与他的大臣们都要称兄道弟，这也可以看作伦理主义的一种表现，他们是中国历史上典型的“君臣共治”，伦理主义弥漫在了这个共同体的诸多方面，但这个共同体内部当然还是等级分明的。“君臣共治”与儒家的整体思想是契合的，这在儒家对先贤圣人的崇拜中体现得最为明确，而在法家思想中更多的是在宣讲君权至上。

〔2〕武树臣：《中华法律文化精神中的六个重要传统》，载《人民论坛·学术前沿》2014年第21期。

是李世民与那些贤臣良相的君臣共治了,可谓万世之典范。儒家的伦理主义在国家层面上并没有导向绝对的专制主义,而是充满着辩证法的精神。而儒家的伦理主义与儒家实践哲学又是内在契合的,这种特质塑造了中国法律文化的基本风貌,也构造了中国传统法治的根本性特质。

儒家法治的伦理主义赋予了伦理规范两个维度的约束,一个是道德内在性对伦理的有力支撑,另一个是法律对伦理的强制化执行。道德对伦理的支撑使伦理充满了内在性根基,法律的强制化则从另一个维度强化了对伦理的践行。伦理与道德不能全然分割,[1]道德是伦理的内在根基,没有道德的滋养伦理就会显得浮躁与空泛。而伦理作为一种规范,其在很大程度上是可以法律化的,法律化的伦理是伦理主义法治的构成要素。在传统中国,伦理之发挥作用的方式是多元的。除了上述两种方式之外,还有民间舆论的监督与民间权力的制裁。有时甚至民间权力的制裁比国家法律发挥着更大的作用,而民间的制裁方式由于与国家法律之间在精神旨趣上的契合性,往往能够在两者之间建立起良好的默契关系。尽管对于通奸者的民间制裁模式与国家法律规定的制裁模式之间存在差异,但国家法律并不禁止民间制裁模式的运用,儒家伦理正是国家法律与民间社会相契合的结合点。

(三)儒家法治类型中的实质主义

与充满基督教精神的西方文化传统相比,儒家文化养就了现实的理性精神。儒家文化是一种理性主义,西方文化也是一种理性主义,但它们之间的差异是明显的。儒家的理性主义是一种实用理性(当然也可以称为实践理性,但实践理性比实用理性包含了更为丰富的思想内涵,实践理性更内在地包含了一种精神价值,趋向于实践智慧,但实用理性更多强调了儒家文化的现实的功利性,同时实用理性又包含了实践理性未曾包含的思想元素),而实用理性恰恰构成了儒家法治

---

〔1〕 把伦理和道德分开的结果,就只能使伦理表象化。只有率性而为地、发自内心地“由仁义行”,而非去“行仁义”,才算是一种内在论立场,这样伦理便着实有了根基。沈顺福更是给予“率性”以本根的地位:“儒家所追求的生存之道便是率性。率性自然成为儒家所欣赏的生活方式。以至后来的朱熹宣称:‘尧舜所以为万世法,亦是率性而已。’率性即顺性自然。于是,率性自然成为古代儒家哲学的重要组成部分。我们甚至可以将其理解为古代仁义之道产生的基本机制。”参见沈顺福:《论儒家哲学的两个传统》,载《周易研究》2018 年第 1 期。

实质主义倾向的理性基础。按照李泽厚先生的表述，实用理性强调的是一种“理性精神”或“理性态度”，这当然是对当时的神学思想的反对，儒家正是这样一种追寻现实合理性的理性态度。这种理性不是要运用抽象的理性标准对万事万物进行评判，而是将“一切都放在实用的理性天平上加以衡量和处理”“这种理性具有极端重视现实实用的特征。即它不在理论上去探求讨论、争辩难以解决的哲学难题，并认为不必要去进行这种纯思辨的抽象”。〔1〕尽管人们认为儒家在义利之间要选择“义”的原则，但这种实用理性恰恰显示了儒家思想系统中浸染的实用主义和功利主义色彩，当然这种实用性在整个儒家思想的诠释中依然要符合“义”的标准。实用理性对事物的现实合理性的强化，好像是在寻求价值与功利之间的协调，也好像是在抽象原则与具体情境之间的辨析。但无论如何，儒家文化所彰显的是对于实质性问题的考量，而实质性问题解决的路径在总体上所依赖的乃是儒家的价值系统。这里有一种结果主义的倾向，也就是说儒家文化不大重视过程，而着重强调结果的合理性，这是中国法律文化匮乏程序理性的重要缘由。结果主义往往会“不择手段”，“不守规矩”也自在情理之中了。也就是说，这是不受谴责的“违规”。

儒家思想系统是一种充满着“变通性”的文化形态。这固然有它的好处，但同时也助长了“实质主义”的盛行。在儒家价值系统中有大量的一般性原则和标准，这些原则标准大抵可以称为“经”。“经”具有绝对性的价值。但在儒家文化的流动形态中，“经”的绝对性会被抑制和变通，“权”构成了调节“经”的一种手段，当然这也可以被看作一种智慧，或者说将“经”与“权”结合，则体现了儒家的实践智慧，这算是儒家辩证法的重要精神体现。这种辩证法不属于对象世界的辩证法，而是人类生存论意义上的辩证法。儒家哲学精神的基本指向不是一个抽象的原则体系，而是现实的具体问题，因此儒家文化充满着强烈的问题意识，问题的恰当且明确的解决才是儒家的理想形态。对于儒家而言，“重要的不是言论，而是行动本身”。〔2〕这种行动哲学固然有着重要的实践价值，但是大抵强调行动的哲学

〔1〕李泽厚：《中国古代思想史论》，人民出版社1986年版，第30页。
〔2〕同上。

往往会突出具体的情境,突出特定场景下问题的解决。在具体的法律生活实践中,的确存在诸多以“权”压“经”的现象,过多考虑“权变”的结果导向使人们缺乏了对于原则的忠诚。正是这种实用理性的文化精神,使儒家学说所支撑下的中国古典法治呈现实质主义的基本意向。即便是当代中国法治实践也受其影响。

儒家实用理性的原理系统往往会趋向于对灵活性价值的肯认。“血缘、心理、人道、人格终于形成了这样一个以实践(用)理性为特征的思想模式的有机整体。它之所以是有机整体,是由于它在这些因素的彼此牵制、作用中得到相互均衡、自我调节和自我发展,并具有某种封闭性,经常排斥外在的干扰或破坏。”[1]其间的任何元素都很难具有压倒一切的地位,总是在相互牵扯中实现各要素之间的制约。在儒家思想引导下的法治行动,充满着情境主义特征,它强调了变通性与情境化,而在特定的情境中对问题的解决往往倾向于一种实质主义的建构。儒家思想系统中包含了诸多价值元素,儒家价值系统是一个充满着目的性价值的有机系统,但它极度缺乏形式理性的理念支撑。接受了儒家思想训练的古代官员往往遵循着儒家思想的实践逻辑,在其为官生涯中往往会自觉贯彻儒家的实质化精神。他们宁可突破法条的限制,情愿接受具体情境中的灵活性价值;他们有时甚至宁愿抛开抽象的礼教,情愿接受情感的合理性论证;他们宁愿突破教条主义的枷锁,为自身的行为寻求更为深刻的道德合理性基础。儒家的法治追求不是去架构和建造美丽且抽象的理性原则,任何原则都要接受具体情境的挑战,并要在具体情境中与其他原则在一种交互作用中获得自身的合法性,确认自身的存在时空,这是一种辩证精神。其在法治上的表达与运用,的确会出现“破坏法律”“不守规则”以及“过度人情化”的现象,当今社会所存在的诸多破坏法治的现象与这种实质主义的文化传统是有关联的。或许只有在反复的实践中,现代人才能够学会现代性的法治游戏。但传统的实质主义的法治维度也是一项重要的文化资源,需要认真对待,切不可完全否定实质主义的文化传统。

实质主义的法治文化对法治运行中的操作者有着更高的要求。这在儒家

〔1〕 李泽厚:《中国古代思想史论》,人民出版社1986年版,第30页。

文化内部是可以实现理论上的自洽的，儒家的“贤人政治”在理论上可以克服实质主义法治文化所可能出现的随意性，尽管事实上“贤人政治”并不能总是克服法律运行中的随意性。对于儒家法治文化而言，“人”才是根本的元素，所谓“徒法不能以自行”正是这样的道理。在实质主义的儒家法治逻辑中，法、道德与人是要统一到一起的，这就是现代人所讲的所谓“法治”“德治”与“人治”相结合。法与道德及人的完美结合恐怕算是理想的治理状态，这在理论上当然是没错的。单纯地运用法律进行治理的确是有问题的，法律仅仅依赖自身不可能解决其所面对的所有问题，“人”的在场是不可避免的现象，强调“人治”也无可厚非，我们对“人治”要充满敬畏，而不能不怀好意。很多人对“人治”是有偏见的，他们将“人治”与“专制”相等同，这是荒谬的看法。“专制”就是“专制”，“人治”就是“人治”，不要用概念的设定遮蔽了我们的视野。实质主义的儒家法治文化必然要求“认真对待人治”，“人法并重”既是儒家思想的理论逻辑，也是它的实践逻辑。

三、儒家法治“三个主义”的得与失

儒家法治类型作为中国古代法治的一种理论形态，它契合了中国古代社会的基本结构，且与人们的文化心理结构保持了良好的融通性。尽管儒家并没有提出“法治”的概念，但却包含了重要的法治思想，其法治思想的综合构成了以道德为基础的法治类型。儒家法治理论有着一个持续的思想发展过程，在不同的时代表现出相异的特质。在孔子时代，儒家的法治理论强化了法治的内在道德基础，礼法规范的背后必有一个“仁”的支撑，这也使孔子思想将政治哲学与心性哲学融合统一。孟子时代则凸显了对于道德的细化并在人性论上为道德型法治进行了良好的论证，从而使“性善论”构成了儒家法治文化的重要思想维度。荀子时代则强调了“隆礼重法”的合理性，将德礼与法律实现了理论上的统一。而汉代的思想家则明确了“德主刑辅”的思想价值，从而确立了中国古代社会法治的意识形态基础。魏晋南北朝的法学家和法律家在理论和实践上强化了“引礼入律”，对中国社会产生了深远的影响。隋唐时代的思想基本已经定型，对于法治的道德基础的认同已成共识，即便间或对诸如复仇之难题的论述也充分表征了道德的卓越价值。[1] 至于宋明的思想家则从理学和心学的角度使儒家法治理论基础进一步哲理化，尽管也有重刑主义的主张，但重刑主义本身或许即具有良好的道德直观的卓越价值。即使从清代至今，对于法律的道德基础的认同也是一种没有本质争议的合理化立场。当代中国法治意识形态领域对“以德治国”和“依法治国”的合理性判定是儒家思想延续至今的自然表达。

(一)得与失：如何对待道德主义

在道德上寻找法治的根据本就是法治赖以存在的前提，道德与法治固然可以有适度的“分离”，但那或许是为了避免泛道德化而采取的“思想策略”。儒家法治的道德主义立场内含在它的整个思想系统当中，构造了法律以及法治价值基础的合理性，在理论上预设了法治的一个重要属性。尽管每个文化形态中道德价值的分量可能是不同的，但不同法治对于各自文化中道德元素的吸取乃是合理的需求。近代西方启蒙运动所开创的法治类型吸取了现代性道德价值体系，从而确立了自身的合法性，这种道德是以个体为中心的价值系统，强化了法治生活中人的个体尊严，彰显了人何以为人的崇高尊严。这种对于个体价值的尊重在政治哲学和伦理学上都表现为个人主义的盛行，直至今日西方道德价值系统的主导依然是个人主义传统的天下。《拿破仑民法典》所确立的“私有财产神圣不可侵犯”“契约自由”“过错责任原则”正是一种属人的道德价值系统。以财产为例做分析，财产不仅仅是一种被个人占有的物化形态，更为重要的是财产本身凝结了人的属性，也就是说个体应该能够从物化财产中观照到自身的存在价值，这是人的自由意志和人格的“定在”。这样的思想不仅凝结在法典当中，而且被黑格尔凝练为哲学语言，黑格尔在《法哲学原理》当中对所有权的分析，真实地反映了一个成熟的思想家对那个时代精神的“密涅瓦概括”。至于康德更是启蒙思想的成熟表达者，

---

〔1〕 最为经典的就是关于徐元庆案件的争论。尽管徐元庆最后还是被杀了，但在争论中我们也看到了道德情理的重要价值。陈子昂固然主张杀掉徐元庆，但却又基于情理道德要表彰徐元庆，这当然是一种悖论，是典型的折中主义的做法，很难说是达到了中庸的实践智慧。但即便如此陈氏的观点也强化了道德的基本指向。至于柳宗元则是要消除法律和道德的悖论，径直以情理道德为基点，在分析了案情的基础上要为徐元庆翻案，在没有当下性权威介入的前提下，柳氏的想法倒是一种一以贯之的实践智慧，可谓深得中庸之大道。

他的哲学的一个重要使命就是探求“如何尊重人”的问题，作为人的尊严和价值在康德哲学中占据重要地位。[1] 人的问题是道德价值的根本，这是启蒙时代的思想表现。

儒家所主张的道德与中国社会结构保持了良好的契合性，它强调的是一种“关系道德”，而在关系当中突出的则是责任意识。道德不仅是一种自由，也是一种责任。[2] 在儒家思想家的理论表达中，道德具有一种卓越的超越性价值，这种道德是要从人的内在意识出发，不断向外推导出自身的道德使命。因此，儒家极其讲求“修身”，正所谓“诚心、正意、修身、齐家、治国、平天下”，这当然是从根本上着眼的一种“内圣外王”的基本思想路线。这样的道德理论构成了对古典法治所追求的“贤人政治”的有效支撑，是中国古典法治“人法并重”思想逻辑的伦理学基础。无论是“关系道德”，还是“内在道德”，都体现了儒家道德向外延伸的一种“担当精神”。法治自然是要以道德作为基础的，那么法治就要关心自由与责任的法哲学问题。法治固然要强调自由的实现，但更重要的是凸显责任意识，现代中国之所以在法治国家的建构上困难重重，与作为公民的个体缺乏道德责任是密切相关的。这恐怕就不能不对传统道德做反思性的检讨。儒家固然追求道德，但在实际的历史进程中普通民众难以实现“内圣外王”的道德关怀，于是只好把希望寄托在“君子良臣”身上；而至于在“关系道德”当中，“关系”本身的局限性使道德责任的担当往往只是及于家族的内部、村落群体内部等，道德始终难以完成自身的“议题转换”而走向公共世界，这也是今天法治国家建设的难题。法治的道德困惑并不能否定法治本身对道德合理性的仰赖，只是我们要认真思考中国传统伦理学和法哲学及政治哲学，通过某种结构性的实践改造真正推动法治的道德合理性建设。

---

[1] 康德的生活是很规律的，每天散步都有着固定的时间，以至于哥尼斯堡的人们都拿康德“对表”。但人们有几天忽然看不到康德，那是因为康德在阅读卢梭的《爱弥儿》，可见他对卢梭的推崇。他也曾经表达过这样的思想：是卢梭让他懂得了如何尊重一个人。这位伟大的哲学家用一生践行了自己的信念。

[2] 儒家所追求的乃是“诚心、正意、修身、齐家、治国、平天下”，这正是一种充满责任关怀的道德，它以自我为起点，却落足于天下，天下观念是最伟大卓越的责任意识。现代社会应该认真思考天下观念，建构真正属于全世界的思想体系，才可能解决当代人类所面临的各种问题。

儒家价值系统更多凸显的是“共同体”[1]意蕴。但道德与伦理毕竟不同,儒家伦理的确彰显了“共同体”的价值,但道德同样也强调了“个体性”,不过这种“个体性”不是西方人的那种“原子主义”的“个体性”,而是一种内在的君子人格的道德。这种道德乃是一种私德,而非公德。[2] 就其私德而论,个人道德的完美自然是有助于法治的,尤其是君子人格的修为乃是通过一种内在化的路径对法治的推进。但儒家在强化私德的同时,的确是弱化了公德的构建。在家族之外的共同生活中,我们普遍地缺乏一种道德责任,一个私德发达的个体可能一旦进入公德领域就会出现道德的瑕疵。甚至这个问题同样体现在人们的法治生活中,一个在各个方面都受到道德赞美的人,当自己的亲人会受到法律制裁的时候,便也千方百计地寻求各种路径,希望通过法律之外的方式解决自身所面临的问题。这好像是人们文化心理结构的组成部分,它已经内化为人们的思维方式和行为方式,并且与情理世界的基本结构相契合。这样做的人一般并不受到人们的道德谴责,生活在这样的道德世界中的人们自然也就强化了“无公德意识”。生活本身的持续会强化人们的内在观念。我们当然应该弘扬“君子人格”的修为,但必须深刻认识到对于法治而言,单纯的君子人格是远远不够的,还必须强化公德意识的修为,在公共生活的共同体中塑造合格的自我。公德与私德兼备才是法治完美的价值基础。[3]

(二)得与失:认真对待伦理主义

儒家哲学往往被定义为道德哲学或者伦理学,这说明它是一种强化道德伦理

---

〔1〕 但这个共同体与现代人理解的共同体是有区别的,儒家的“共同体”是家族式的。

〔2〕 其实私德和公德的划分本身可能存在局限性。儒家君子人格的私德,具有一种面向公德的价值。君子既然要治国平天下,便不可能仅仅局限在自我道德的完美化空间中,而必然具有共同体面向。问题的关键在于,这样的君子并不多见,更多的人是停留在自我及家族的空间内把握道德。儒家文化以天下为家,“四海之内皆兄弟”,若能做到人人皆兄弟,也就放大了“兄弟”的道德价值,历史实践所证明的并非如此,这仅仅是一种道德期望。

〔3〕 我们并不否定,在某些情况下,历史乃至法治的发展往往是以牺牲道德为代价的,以至于“恶”构成了历史发展的动力,正如某些情况下的犯罪乃是推进发展的力量。“文明通过暴力、战争、掠夺、压迫、剥削、阴谋、残酷、滥杀无辜、背信弃义等等来斩荆辟莽,开拓旅程。大英雄、大豪杰、大伟人也经常是大恶棍、大骗子、大屠夫。”参见李泽厚:《世纪新梦》,安徽文艺出版社 1998 年版,第 23 ~ 24 页。但是,“细节法治”的推进往往需要那些完美的道德主体及实践智慧,尽管某些情况下“细节法治”的主体在真正推动法治的事件中自身处于一种不自知的状态,并且也并不明确自身的道德主体自我意识。

的文化形态。儒家是讲礼法的,礼本身是伦理化的,而非道德化,但是要达到礼的目的则是需要道德的。如果内在世界不能达到“仁”,那么“礼”也就很难获得。正所谓“克己复礼为仁”。如果按照这样的理路进行解释的话,那么伦理应该是道德的一种呈现。从“克己复礼”的逻辑看,“礼”应该是目的,是落足点。那么,伦理自然就成了儒家道德的落足点,道德磨炼的目的是达到伦理规范所要求的尺度。儒家的伦理主义是多方面的,家族如是,国家亦如是。伦理主义相比道德主义,更多地强调的是规范性,道德就其个人修为上讲往往充满着自由的属性,而伦理则更多的具有限制性。同时,中国儒家伦理的“限制性”具有了一种等差主义的特点,而这种特点在中国血缘社会的历史实践中又得到了强化。

中国文化在总体上可以被定位为伦理主义,伦理比道德更为发达。既然文化是伦理主义的,那么政治、社会、法律等诸领域也就相应地浸染了伦理主义的基本特质,伦理主义的同构性使人们很容易理解中国传统社会的运作机理。法治运行中的伦理主义体现在古代立法和司法活动当中,也体现在传统民间治理当中。如果我们将立法和司法看作国家的层面,而将民间治理看作社会的层面,那么伦理主义可以说是弥漫、渗透到国家与社会的不同层面,也正是由于伦理主义运行的这一现象,或许才使中国的国家与社会不存在西方人所讲的国家与社会的二元对立,国家与社会的契合性构成了传统中国的根本特质。即便是国家与社会之间间或存在的紧张关系也会因为伦理主义的弥漫而日益消解,国家与社会“握手言和”是一种可能的选择。

法治伦理主义存在于传统中国特定的社会结构当中,在其所属的社会形态中具有强大的合理性。它对于维系民间社会的稳定关系,出台合理的国家治理方略,实现国家与社会的长治久安具有重大的价值。法治伦理主义是以人们自然的情感为基础而架构的基本理念,它将家族内部自然的伦理情感扩展到国家的层面,发挥了良好的效果。根植于人们自然情感的治理理念,总是很容易操作的,也能够获得广泛的“市场价值”。以情感为基础的法治伦理主义正是这样的治理理念。法治伦理主义在思想上有儒家实践哲学的良好支撑,在政治上有国家意识形态的强有力推动,在社会上有家族结构的同构性支持,在心理上有情本体的切实依托,在运行上有文化结构的惯性维护,这样的法治伦理主义在传统中国必然具有广泛的实践合理性。

伦理主义毕竟有着与法治不相协调的元素。尽管我们将法治与伦理主义结合到一起，但这其实本是个矛盾的组合。在中国传统社会中，伦理主义是主导性的文化形态，它具有弥漫性和辐射性，当法治被伦理主义所浸染的时候，则法治就成了伦理主义的法治类型，伦理主义构成了这种法治类型的特征。当然这仅仅是人类诸多法治类型中的一种。儒家所讲的伦理往往有着不同的思想意蕴，早期儒家所讲的伦理是一种相对平等的伦理观，〔1〕如父慈子孝、兄友弟恭，这样的伦理关系贯彻到法治运行当中，自然会形成一种权利和义务相统一的法律观。然而在以后的发展中法律的天平却总是倾向于尊者一方。在后世王朝，伦理主义的相对性减弱，突出强调了某一方在伦理关系中的主导地位，这样的伦理主义在法律中的贯彻瓦解了法律世界所可能具有的平等主义精神。与礼治相统一的古代伦理强调的是等差性，等差伦理的法律化加剧且凸显了法律的等级化特性，而抑制了平等主义法律观的培育和发展。当然这种差异性并不会随着现代性的展开而消失，反而会伴随着权力与知识的霸权而不断加剧。古老的伦理形态的法治差异性与现代社会各种话语形态的结合构成了转型中国社会一个重要的特征。也许，在转型社会完成自身的构造之后，这种现象依然会持续存在，现实性与理想性的矛盾是人类生活的辩证法。

(三)得与失：法治实质主义的隐忧

儒家的法治类型在总体上表现出的是一种实质主义的基本特质。〔2〕这种法治类型无论在理论形态还是实践形态上讲，都是中国古典社会的一种实际存在。法治实质主义是一种追问结果，对过程并不在意的法治主张和法治运行模式，这当然可以看作是一种实用主义的倾向，是一种现实的功利主义或者结果主义。这

---

〔1〕 但这种平等只能是相对的，与礼相通的伦理很难真正地实现平等的价值，即便是在早期儒家那里也不例外。孟子批评墨子的时候，言称墨子为“无父”，原因就是墨子主张“兼相爱”的基本主张。“兼相爱”是具有一种平等主义精神的，而儒家则坚决反对。按照儒家的逻辑，如果你爱自己的父亲和别人的父亲没有区别，那岂不就是“无父”？这种基于血亲结构的伦理哲学是更容易获得人们的认同的，这其中自然也有李泽厚所说的“情本体”的缘故。

〔2〕 法家的法治类型自然也不能排除在外，其实质主义特征也是非常明显的，它所内含的法条主义、权力主义和绝对主义的思想元素并没有提升法家法治类型的程序理性。

种法治实质主义不注重程序正义,而着重实质正义,其所贯彻的是实质合理性的基本理念。然而,实质主义在古代法律运行中是有效的。儒家价值系统为中国法律提供了一个良好的情理世界,只要结果符合这个情理世界的要求,哪怕过程有些“出格”,也都能够获得人们的理解,民众的态度在一定程度上支撑了实质主义的流行。法治实质主义在中国古典社会延续千年之久,并没有什么大的变化。它既是一种知识的存在形式,也是一种法律实践的具体形态,它的影响可谓源远流长。

法治实质主义在传统中国本身既表现出优越性,也具有一些缺点。实质主义的结果论思维对过程“在所不计”,程序合理性的设计好像都是多余的。只要能够获得预期的效果就是值得的。按照法治实质主义的逻辑,司法决策所推演的结果并不具有确定的正确性。也就是说司法过程结束时所获得的结论未必是正确的,但也未必是错误的,结论的正确与否不在于它是否符合律典规范,也不在于过程是否有程序性依托,而在于其结论能否满足情理世界的需求。这使得我们对法治实质主义很难做出一个绝对性的判定,也许在中国文化形态中程序主义的设定是多余的。在实质主义的法律运行中,即便是一个错误的司法结论也可能向社会传递了一种正义的符号。当事人的个人冤屈与否可以存而不论,其向社会传递的符号信息是相同的。结果主义有结果主义的好处,程序主义有程序主义的问题。一般而言,程序主义可能会纵容坏人,结果主义则可能出现冤假错案。或许结果主义是一种无奈却又具有合理性的选择。

结果主义毕竟是有问题的。当在法律运行中对过程的合法性全然不顾而仅仅关注结果的时候,实体正义的保护也往往是很难获得的。当然,儒家思想本身以及儒家所支撑的生活世界也并非对过程的合法性全盘否定,儒家伦理体系的设计就是讲求程序的,那一套严格的礼仪规范本身就具有程序合法性的味道。如从西周所开创的婚姻制度,其严格的“六礼”程序设计可以说具有过程合法性之要旨。但在司法运行过程中,程序理性基本上是不存在的,那个时代的审级制度以及会审制度的设计的确具有某种程序化的特征,但很难被称为程序理性,也缺乏对程序正义的关怀。在整体上传统中国的司法呈现了实质主义的运作状态,这是我们的文化使然。

四、现代法治运行中的儒家元素

尽管儒家是历史上的思想形态,但它不仅塑造了历史的实践,也正在影响现代社会的实践。因此儒家并不是一种单纯的历史存在,而是一种真正活生生的现实;它是一种传统,而不是封存的档案。[1] 在现代人的观念中存在儒家元素,在现代法律的运行中存在儒家元素,在现代人们的生活实践中存在儒家元素。儒家元素并不是以一种文本的力量在发挥它的作用,而是以其现实的强大形塑力构造现代法律的运行机制和基本风貌及风格。

儒学思想的观念性存在是现代法治运行中最为根本性的元素。儒家在漫长的历史积淀中,已经转化为人们的思维方式和行为方式。儒家在根本上已经内在化、观念化,它成为人们相对先验的文化心理结构。无论是儒家中"好"的元素,还是儒家中"坏"的元素,都在人们的心理世界中结构化、观念化了。人们的一言一行都受到其心理世界的构造,这样人们观念中的儒家元素就自然构成了对现代法治运行的影响和塑造。儒家元素在漫长的历史发展过程中并没有真正的减退,其最为重要的原因就是那种观念存在的力量,这是我们在理解传统与现代法治关系时必须认真对待的问题。一个"新社会"可以在文本上消灭传统,但难以在观念上摧毁传统,传统会以自身特有的"作用模式"在现代社会扮演着自身的历史角色。

儒家主张"为政以德"的治国策略,在今天构建法治国家的过程中我们加以吸收,提出了"依法治国和以德治国相结合"的治国理政方略。儒家的德政思想自然可以追溯到尧舜禹及商汤文武周公,德政思想在历代儒家思想中都得到了承继和发展,将其界定为一以贯之的儒家思想传统是没有问题的,而这种思想传统实际上也存在于现代人的观念当中,否则就难以提出"以德治国"的治国方略。儒家"德政"在历史发展过程中并没有成为一种历史的常态,许多阶段仅仅是一种理想的宏伟蓝图。"德政"是要奠基在人们的心灵世界以及大量的贤者身上才能够落

---

[1] 传统作为流动的文化,我们不应该将其作为知识论的对象,而应将其作为体验的对象。在体验中,传统与我们是一体的,它不是外在的存在,而是内在于我们的生活,内在于作为个体的人本身,也可以说传统就是作为人的生存论的状态。

实的。若是缺乏了这样的主体性基础,那么“德政”就会成为一种幻想。在当代中国,我们强调了“依法治国”和“以德治国”的结合,但在实际的法律运行中,我们还在一定程度上缺乏承载道德的心灵世界和人格主体。这让我们清醒地认识到,“法治”和“德治”的问题在根本上都离不开“人的建设”问题。[1]

中国是个人情社会,这是和儒家文化相关的。儒家讲人伦亲情,这便是一种情感主义的路径,这也可以看作是情本体的表现。很多学者在研究中国法律文化的时候,做了一个情理法的判定。[2] 这个判定总体上是没有问题的。情在多数语境中往往都会受到理的牵制,从而表现出一种情感合理性,这在中国很多判例中都有体现。但情感的人情化却是情本体发展的一种无奈。[3] 人情往往会背离“理”的精神,于是“情”“理”分离,情感缺失了合理性。这种缺失了合理性牵引的情感在现代法治运行过程中还在发挥着作用,某些情况下是破坏法治的元素。人情化会让一个正直善良的人失去自己的节操,也会让一个狡诈的人显得可亲可近。真正与“理”相通的“情”,即便是现代法治也不会加以拒绝,但“情”一旦离开了“理”的引导马上就会滑入腐化的泥潭。这里并不存在认知上的困境,“情”与“理”的交融所构造的合理性是人们所可把握的问题,但由于“情”的社会结构的牵绊,“情”之游离也就难以挽回了,“理”固然还可以为我们理性地把握,却难以发挥它牵引“情”的功能。

儒家对现代法治的影响与构造不是体现在文本世界当中,而是内在地包含在法治运行的各个环节。儒家对法治运行的影响也难以做一个笼统而绝对的概括,

---

〔1〕 法治建设是个系统工程,笔者认为其核心是“人的建设”。中国现代社会所缺乏的不是法律,而是契合于法治精神的“人”的存在。“人”的建设涉及道德问题、法治问题、教育问题、政府问题、社会问题、家庭问题,这些“领域”以其错综复杂的形态影响着“人”的建设状况。

〔2〕 参见范忠信等:《情理法与中国人》(修订版),北京大学出版社2011年版。

〔3〕 尽管李泽厚先生所提出的情本体在其自身的解释中是拒绝人情化的,比如他说:“有人一听‘情本体’,马上和人情、人治、人际关系联系起来,觉得这是两眼不见中国问题,和深化改革唱反调。”参见李泽厚、刘绪源:《中国哲学如何登场?》,上海译文出版社2012年版,第102页。但我们仍然不能排除社会心理中的人情化。当然,我们是在挖掘其积极的价值,而事实上,情本体的确具有重要的多方面的价值功能。“‘情本体’内推为‘以审美代宗教’的宗教哲学,外推就是‘乐与政通’、‘和谐高于正义的政治哲学’。‘儒法互用’,在古代就是让‘道由情出’的‘礼’来渗透、补充、冲淡纯由形式理性建造的‘刑’、‘法’。”参见李泽厚、刘绪源:《中国哲学如何登场?》,上海译文出版社2012年版,第99页。如此的解读方式,自然就是全然窥视了情本体的积极价值。

情理与道德的嵌入自然可以增加法律运行的价值合理性，但倘若情理化的法律运用失去了“义”的标准和“中庸”的节制，那么儒家原本可以美俗的情理道德恰恰是对于法治精神和法治环境的破坏。在中国儒家原本的法律思维中，实践智慧乃是其主导的思想原则，法在本质上就是可以被看作一种实践智慧。〔1〕儒家思想向法治各环节的渗透需要实践智慧的牵引，否则会在某种情境下构成对现代法治精神的背离。〔2〕这是儒家思想中内在包含的贤哲政治的思想路径，也是现代性法治谋划必须认真对待的一个重要命题，忽略了“贤哲政治”的儒家思想意蕴，就难以深刻认知“法作为实践智慧”的思想内涵，也难以理解和把握儒家思想与法治的内在契合性。

第二节　法家的法治及其实践逻辑

无论是儒家还是法家，作为一种文化形态，它们已经深刻地融入了传统的流动之中，构成了从历史传到今日依然影响着我们的思想文化资源。对当代中国法治问题的探讨必须深入到传统当中，去挖掘那颇具智慧但有时却让人感到尴尬的思想资源。法家的法治类型无疑是需要我们认真对待的一种传统之流。

一、法治类型的多元化：一种中国的立场

在中国一部权威的法理学教科书中给法治做了个这样的前提设定：法治要有自己的经济基础，而“纵观法治的历史，法治与商品经济、市场经济相关，而与自给自足的自然经济和以国家垄断为内容的产品经济无缘。法治实现的程度取决于

〔1〕关于法的实践智慧问题，参见郑永流：《法是一种实践智慧：法哲学与法律方法论文选》，法律出版社2010年版；姚建宗：《中国语境中的法律实践概念》，载《中国社会科学》2014年第6期；武建敏：《实践法哲学：理论与方法》，中国检察出版社2015年版。

〔2〕儒家思想内在地包含了实践智慧的思想逻辑，同时其大法治的理念与贤者政治内在相通。如果说法治是在于追求实践合理性，那么儒家便是法治精髓之所在，实践合理性同样包含了实践智慧的基本维度。不要让固有的知识遮蔽了心智，看——认真地观察，领会——细心地把握，我们就会看到不同的世界。

商品经济、市场经济的发育和发展程度"[1];并且这种法治理论还认为法治只能与民主政治相联,而法治对于民主政治要求的核心是"权力的合理分工与有效制约"[2];同时这种理论认为法治要有文化基础,而这种文化必须是理性主义文化,并将理性主义的法治文化解读为"科学精神、公民意识、权利和义务观念、平等和自由观念、社会契约观念"等文化要素。[3] 按照这种对于法治的解读,很容易就能得出中国古代社会没有法治的结论。如果说古代社会没有法治,而世界上又只存在一种自西方近代启蒙时期所开创的法治状态的话,那么法治类型学的研究也就没有必要。然而,法治问题如同人类思想和行动中的其他领域一样,不可能用一种既定的绝对化标准去否定其他的知识和实践形态。认真反思我们对待法治的态度,会发现一种法治教条主义控制了我们的思想状态,将启蒙法治绝对化和普遍化的做法恰恰是从抽象的理念出发对历史实践的裁剪,也可以说这正是马克思当年所批判的"自我意识"的法权主义。

在法治问题上,中国也有法治;不仅中国现代有法治,而且中国古代也有法治;不仅中国古代社会有法治,而且还有多元化的法治类型,理论形态上儒家与法家都有自己的法治理论,而在历史的流动中所生成的则是一种融合式的法治类型,其间法家的法治类型扮演了重要的角色。在特定社会中所存在的法治都是法治的一种类型,而不是那个普遍性的法治,世界上并不存在一个普遍的法治类型,就像世界上并不存在一批抽象的马是一样的道理,因为任何马都必然要落实到白马、黑马抑或棕马。这里就涉及普遍和特殊的关系问题,普遍是人类思想的一种抽象,但任何"普遍"在现实中都必须有它的载体。法治是人们抽象而生成的一个概念,它本身是普遍的,但法治的普遍并不能替代法治的特殊,在人类历史上实际存在的只能是法治的特殊,而不是法治的普遍。从这个意义上讲,历史实践中的中国古代社会也是一种特殊类型的法治,这种法治对于传统社会而言是维系它的延续和发展的重要保障。作为一种反思,法治类型理论的思想主要是否定现代法

---

〔1〕 张文显主编:《法理学》,高等教育出版社、北京大学出版社2003年版,第336页。
〔2〕 同上。
〔3〕 同上书,第337页。

治论者思想主张的片面性,而试图达到一种真正的具有历史和现实价值的思维理念。[1] 法治类型学的理论在这个意义上是一种理论和现实、历史与逻辑、抽象与具体、普遍与特殊、理性与感性相统一的理论状态,这种理论同时应该是一种良好的实践形态。只有坚持这样的类型学理论,才可能在现实的法治行动中真正地将中国建设成为一个中国特色的法治国家,而将中国建设成为中国特色的法治国家的理论形态一定是开放而宽容的。

二、法家法治类型的特质

法家是战国时期兴起的一个思想流派,它的产生与当时的社会历史条件有着内在的关联,同时也和国家治理的方略选择有着内在的呼应。任何思想都是时代精神的一种体现,法家自然也是战国时代思想精神的表达。战国时代崇尚武功,各个诸侯国相互争斗企图实现华夏民族的统一,而希望达到统一的理想单纯地依靠儒家"德治主义"的方略实难奏效,乱中取胜当以法家为先,于是法治的思想理论便具有了历史实践的合理性。但是,在传统中国,法家的法治理论是法治的一种理想类型,在现实的历史实践中虽然也获得了相当程度的对象化,但在思想理论上毕竟无法与儒家相抗衡。法家的法治理论包含着一种深刻的历史哲学思想,它以当时的战国时代为历史条件,认为战国时代不能依靠礼治和德治获得成功[2],而必须依靠法治。这是一种历史发展论的重要思想,也是从历史哲学

[1] 类似于历史与现实的统一这样的话语,往往都具有无可挑剔的正确性。但这样的话语也往往是没有多大用途的,不同的说话主体的理解是有差异的,不同的实践主体的把握是不同的,有的人可以实现历史与现实的统一,而有的人则永远都不可能实现两者之间的统一。

[2] 当然,法家也不是就那么绝对地反对伦理道德,比如,"韩非那么不容情地指证人性的实质以及人际关系的原则,并不是因为期望教化使人存辞让之心,也并非肯认自私之求的合理性,更不是欲以否定伦理的社会价值。事实上,韩非子与其前辈法家一样主张序定伦理,其对于礼的重视是相当明朗的。其定尊卑、贵贱、君臣、父子之伦,忠孝之德,大体同于儒家,只是弃其亲亲而已。韩非子亦并非不重道德,但他认为,世人所重之德在私德而非公德,以名德自况而否定正德"。参见陈少峰:《中国伦理学史》(上册),北京大学出版社 1996 年版,第 114 页。

为法治主张进行辩护的重要体现。[1]

法家的法治包含了一些内在的特质，这些特质不仅在古代中国逐渐融入传统之流当中，而且对于现代中国的法治运行也产生了深刻的影响。关于法家法治的一些特点，学术界已经做出了许多有益的探索，但在这里笔者力图进行一些反思性的阐释，或许对于认真理解和诠释法家法治能有些许帮助。

（一）法家法治：人性恶抑或功利主义

法家的法治主张与其人性论思想是相关联的。“夫凡人之情，见利莫能勿就，见害莫能勿避。其商人通贾，倍道兼行，夜以续日，千里而不远者，利在前也。渔人之入海，海深万仞，就彼逆流，乘危百里，宿夜不出者，利在水也。故利之所在，虽千仞之山，无所不上；深源之下，无所不入焉。故善者势利之在，而民自美安，不推而往，不引而来，不烦不扰，而民自富。如鸟之覆卵，无形无声，而唯见其成。”[2]这里把人性看作是趋利避害的，统治者掌握了这个理念，也就自然地可以加以利用，使臣民皆服从君王。《管子》中的主张具有代表性，无论是商鞅还是韩非大体上都体现了“人性恶”的基本主张。商鞅尝言：“民之性，饥而求食，劳而求逸，苦则索乐，辱则求荣，此民之情也。民之求利，失礼之法；求名，失性之常。奚以论其然也？今夫盗贼上犯君之所禁，而下失臣民之礼，故名辱而身危；犹不上者，利也。其上世之世，衣不暖肤，食不满肠，苦其志意，劳其四肢，伤其五脏，而益裕广耳，非性之常也，而为之者，名也！故曰：名利之所凑，则民道之。”[3]再看韩非对圣人的人性论评述：“禹之王天下也，身执耒以为民先，股无，胫不生毛；虽臣虏之劳不苦于此矣。以是言之，夫古之让天下者，是去监门之养而离臣虏之劳也，故传天下而不足多也。今之县令，一日身死，子孙累世驾，故人重之。是以人之于让也，轻辞古之天子，难去今之县令者，薄厚之实异也。夫山居而谷汲者，腊而相遗以水；泽居苦水者，买庸而决窦。故饥岁之春，幼弟不饷；穰岁之秋，疏客必食。

[1] 法家作为古代中国的法治理论的主张者，有着丰厚的法治思想，不宜戴着现代人的有色镜片去考察古代社会的法治思想。武树臣先生曾经有一个追问：“法家的‘法治’原本如此，为何称不得‘法治’？”该质问发人深省。参见武树臣：《法家法治思想的再评判——兼与杨师群同志商榷》，载《华东政法学院学报》1998年第1期。

[2] 《管子·禁藏》。

[3] 《商君书·算地》。

非疏骨肉爱过客也,多少之实异也。是以古之易财,非仁也,财多也;今之争夺,非鄙也,财寡也。轻辞天子,非高也,势薄也;重争士橐,非下也,权重也。故圣人议多少、论薄厚为之政。故罚薄不为慈,诛严不为戾,称俗而行也。故事因于世,而备适于事。"[1]这是对人性功利主义的评判。

在诸多法学学说中,有着关于人性论与法治的关系问题的研究。一般人们通常认为,"人性善"就是导向"礼治"和"德治",而"人性恶"就导向"法治",在这种认识中有一个前提设定,即道德是自律的,而法律是他律的,因为人性是善的,所以依靠道德就可以达到治理的状态,而如果人性是恶的,那就不能依靠自律性的道德,而必须依靠他律性的法律进行统治。这成为人们的一个基本的思维方式,或者说思想定式。其实,严格意义上讲,如果人性是恶的,那么依靠法律也是很难达到治理的。这大概是现代人的一种想当然的看法,未必具有真理性,"习惯性联想"往往也会造就所谓"真理"。兴盛于战国的法家未必就是这么认为的,法家是认为人性中有趋利避害的本能,而法律是可以利用这种本能的,于是制裁与惩罚就成为保障法律实施的重要手段,在这个意义上人性论真正对应的是法家的惩罚理论。[2]

当人们用价值判断的思维模式去评价人性中的诸多事实的时候,总是喜欢为这些人性中的特质贴上一个标签,[3]于是"人性恶"也就成为其最为重要的标签。虽然法家击中了人性的要害,但在千百年的文化传承中我们并不愿意接受"人性恶"的判定。对人性进行善与恶的二元划分,或许其本身就是一种两极对立的思维方式。法家所揭示的的确是人性中的重要特质,但这种特质似乎将其称为功利主义更为恰当,这样免去了两极对立思维方式的学术困境和思想疑难,更能以平和的态度认真对待法家的思想。

---

〔1〕《韩非子·五蠹》。

〔2〕这就是商鞅所说的"人生有好恶,故民可治也"的道理。参见《商君书·错法》。

〔3〕人性论应该算是一个形而上学的概念,充满了"终极性""绝对性""两极化"的意向,其间包含了重大的理论判断以及恒远的理论价值,但总是觉得缺乏了几分亲切感,人性本该是个具有亲和力的概念。或许可以考虑以"属性代人性"的生活论判断,也并非没有道理。或许我们可以消解人性善恶的对立性,以一种生活实践或实践哲学的立场去理解和把握人的存在特质,省去不必要的理论纷争。习惯性的思想图景不容易获得突破。

对功利之计量乃是人性的事实,在这一点上法家要比儒家坦诚,也更为实际。从一般的意义上去理解,儒家的理想要比法家的理想远大得多,但法家的许多思想主张在中国的社会中反而比儒家的主张更为理想化,甚至是“天真”。法家的功利主义考量是很实际的,但在这一点上恰恰疏离了中国社会的基本结构以及儒家化的文化心理结构,[1]而儒家却是与这个结构相契合的,所以在某种意义上说法家的功利主义恰恰是一种更为理想的策略,与社会结构和心理结构不相契合的主张是“理想化”的。在法家那里,“赏善罚恶”是基于功利主义的一种正义形态。在中国的文化土壤中,“赏善罚恶”往往被等级化,于是“赏善罚恶”也就失去了其原本的思想价值而成为一种理想化的文化形态。其实儒家也是主张“赏善罚恶”的,只是由于其“情本体”的等差伦理以及等级化的伦理结构无法促进这一基本正义之实现。加之以中国的社会结构浸染着儒家化的习性,并且已经深入人心,且渗透到人们的行为方式之中,故此使得“赏善罚恶”法治主张不能顺畅地实现。无论是基于功利主义的“赏善罚恶”,还是基于原本道德理念的“赏善罚恶”,其基本正义的思想意向都是很明确的,然而一旦遭遇与其相冲突的传统,这种正义就显得比较脆弱。当然,倘若真的能够以法家的“厉行法治”去推动社会方方面面的运行,则“赏善罚恶”的实现也是可能的,但在儒家文化的支配下往往会给某种“恶”的元素容留一定的地盘。

(二)法家法治:专制主义抑或权力主义

在传统中国是否存在专制主义的问题颇费思量。就古代社会之运行的主导方面说,中国古代并不存在绝对的专制主义制度,因此所谓的“封建专制”是一个值得商榷的概念。而当我们从理论形态上对传统中国文化是否属于专制主义进行评判的时候,则可以说儒家并不主张专制。从根本上说儒家倡导的君权是相对的,君权是要受到限制的。儒家传统中的“德”包含了对君权的重要限制。如果我们将儒家的治理方略从主导方面概括为“德治主义”的话,那么这个“德治主义”就具有限制君权的功能,因此儒家在理论上不存在专制主义的思想主张。至于对法

[1] 当然,这也不能做绝对的理解。在民间话语的习惯表达中,当然是重义轻利的儒家倾向,但在人们实际的行为选择中多有功利主义的色彩,有的时候甚至很浓厚。不要看文字,要观察行动,文化是凝结在人们行动中的。

家的判定,则显得有些困难。[1] 但从总体上看法家是主张君主的绝对权力论的,君主在理论上是终极的立法者和裁判者。"国之所以治者三:一曰法,二曰信,三曰权。法者,君臣之所共操也;信者,君臣之所共立也;权者,君之所独制也,人主失守则危。君臣释法任私必乱。故立法明分,而不以私害法,则治。权制独断于君则威。民信其赏,则事功成;信其刑,则奸无端。惟明主爱权重信,而不以私害法。故上多惠言而不克其赏,则下不用;数加严令而不致其刑,则民傲死。凡赏者,文也;刑者,武也。文武者,法之约也。故明主任法。明主不蔽之谓明,不欺之谓察。故赏厚而信,刑重而必;不失疏远,不违亲近,故臣不蔽主,而下不欺上。世之为治者,多释法而任私议,此国之所以乱也。先王县权衡,立尺寸,而至今法之,其分明也。夫释权衡而断轻重,废尺寸而意长短,虽察,商贾不用,为其不必也。故法者,国之权衡也。夫倍法度而任私议,皆不知类者也。不以法论知、能、贤、不肖者,惟尧;而世不尽为尧。是故先王知自议誉私之不可任也,故立法明分,中程者赏之,毁公者诛之。赏诛之法,不失其议,故民不争。不以爵禄便近亲,则劳臣不怨;不以刑罚隐疏远,则下亲上。"[2] 无论是法、信,还是权,其所隐含的都是君主的权力的运用问题。

在法家的思想代表中,慎到是非常重视权势的,当然这权势就是君主的权势。"立天子者,不使诸侯疑焉;立诸侯者,不使大夫疑焉;立正妻者,不使嬖妾疑焉;立嫡子者,不使庶孽疑焉。疑则动,两则争,杂则相伤,害在有与,不在独也。故臣有两位者,国必乱;臣两位而国不乱者,君在也,恃君而不乱矣,失君必乱。子有两位者,家必乱,子两位而家不乱者,父在也。恃父而不乱矣,失父必乱。臣疑其君,无

---

〔1〕 倘若我们看看齐法家的一些主张就会发现,他们很强调君主对法律的遵守,正所谓"明君知民之必以上为心也,故置法以自治,立仪以自正也"(《管子·法法》)。而同时其所主张的谏议机构的设立或可看作对君权的一种限制,"齐桓公问管子曰:吾念有而勿失,得而勿忘,为之有道乎?对曰:勿创勿作,时至而随。毋以私好恶害公正,察民所恶,以自为戒。黄帝立明台之议者,上观于贤也;尧有衢室之问者,下听于人也;舜有告善之旌,而主不蔽也;禹立谏鼓于朝,而备讯唉;汤有总街之庭,以观人诽也;武王有灵台之复,而贤者进也。此古圣帝明王所以有而勿失,得而勿忘者也。桓公曰:吾欲效而为之,其名云何?对曰:名曰啧室之议。曰:法简而易行,刑审而不犯,事约而易从,求寡而易足。人有非上之所过,谓之正士,内于啧室之议。有司执事者咸以厥事奉职,而不忘为。此啧室之事也,请以东郭牙为之。此人能以正事争于君前者也。桓公曰:善"(《管子·桓公问》)。可见,法家也有不同的声音。

〔2〕《商君书·修权》。

不危之国;孽疑其宗,无不危之家。"[1]但慎到也认为君主并不是万能的,"治乱、存亡、荣辱之施,非一人之力也",[2]并进而主张对君王也要进行一定的限制,正所谓"非立天下以为天子"和"非立国以为君"。[3]我们也可以看到,商鞅在太子犯法之后,惩罚了太子的师傅,并未对太子进行惩罚。但似乎从这些都不能必然地得出法家所主张的乃是专制主义,需要明确的是专制主义充满着任意性,在一个专制主义的理论设计中很难有法的显赫地位,而法家的思想代表无疑都非常重视法在治理事业中的卓越价值。

因此法家崇拜的实际上乃是一种权力主义。[4]"君子操权一正以立术,立官贵爵以称之,论荣举功以任之,则是上下之称平。上下之称平,则臣得尽其力,而主得专其柄。"[5]权力的良好运行实际上乃是法律有效性的重要保证。商鞅深切地体会到权力在"厉行法治"中的重要作用,突出权力的重要价值自然就在情理之中了。我们在这里需要认真检讨的是,不要对法家任意地作专制主义的判定,从而一棍子打倒,使其不得翻身。无论如何,法家的思想不仅是中国古代社会的文化渊源之一,而且也构成了中华法系发展变迁的重要前提。在历史的流变过程中,法家的权力主义主张不断获得强化,甚至被以各种形式加以歪曲,影响了人们对法家宝贵思想财富的深入挖掘。

(三)法家法治:重刑主义的道德关怀

在治理国家的方略中,儒家主张的是德化主义的思想进路,力图通过教化使全民皆善,自然也就不会去触及法律了,国家的治理也就自在情理之中了。因此,儒家在总体上主张"轻刑""教化",然而教化真的能够发挥"去刑"的功能吗?在

---

[1]《慎子·德立》。

[2]《慎子·知忠》。

[3]《慎子·威德》。

[4] 无论是儒家的权力还是法家的权力,事实上都是君臣共有的。"儒家与法家虽然都主张君臣共治,但是他们的侧重点不同:儒家给君臣关系披上'君使臣以礼,臣事君以忠'的和谐的面纱,一方面强调君主尊重大臣,给大臣更多的发言权,另一方面强调大臣遵守为臣之道,自觉遵守礼仪,不得僭越;法家则从'君臣相市''君臣上下一日百战'的残酷现实出发,要求君主时时掌握好权势和权术,防备臣下篡位。"参见武树臣:《法家法律文化通论》,商务印书馆2017年版,第560页。共有中的权术存在明显的差异性,君王们或许更喜欢法家的权力之道。

[5]《商君书·算地》。

法家的思想家那里，教化是不可能避免犯罪的，因为犯罪的根源并不在于教化的匮乏，而在于人性中“趋利避害”的本能，本能的东西即便可以通过教化得到一定程度的克服，但不可能在根本上加以消除。重刑主义是法家的普遍主张。我们需要对法家的重刑主义做另一种分析。

关于重刑主义的主张，商鞅的论述可谓翔实。

重刑则首在“去奸”“去刑”。“夫利天下之民者，莫大于治；而治莫康于立君；立君之道，莫广于胜法；胜法之务，莫急于去奸；去奸之本，莫深于严刑。故王者以赏禁，以刑劝；求过不求善，藉刑以去刑。”[1]法家的这一论述是很深刻的，真正的“刑”必然蕴含着原初的正义，实际上“以刑去刑”就是用正义的运行机制去克服刑罚自身所具有的“恶”的特质，商鞅可谓深得辩证法之妙。

重刑亦在“扬善”。“治国刑多而赏少，乱国赏多而刑少。故王者刑九而赏一，削国赏九而刑一。夫过有厚薄，则刑有轻重；善有大小，则赏有多少。此二者，世之常用也。刑加于罪所终，则奸不去，赏施于民所义，则过不止。刑不能去奸，而赏不能止过者，必乱。故王者刑用于将过，则大邪不生；赏施于告奸，则细过不失。治民能使大邪不生，细过不失，则国治，国治必强。一国行之，境内独治；二国行之，兵则少寝；天下行之，至德复立。此吾以效刑之反于德，而义合于暴也。”[2]这或许就是“德生于刑”的道理之所在。如果说“以刑去刑”乃是辩证法的一个方面，则“德生于刑”恰恰是辩证法之能动性的体现。一种惩罚可能包含了一种道德直观，在对恶人的惩治中道德直观表达得淋漓尽致。在最为严厉的惩罚中恰恰蕴含了一种道德关怀，道德不是停留于口头的说教，更不是人情化的妥协，在法律的世界中它必然与正义相连。只有在正义中才能哺育道德的情操，而惩罚本身恰恰是正义的蕴含地。

当代中国的法治追求愈益温情化，仿佛是契合了世界轻刑化之潮流，然而中国社会的法治发展必须以中国自身的传统为基础。在异域文化中并不存在的规律，在我们自己的文化传统中切不可忽视，更何况异域文化中“法律之重刑”也并

---

〔1〕《商君书·开塞》。
〔2〕同上。

非不得而见。法家之重刑，且其"以刑去刑"和"以刑养善"都是十分宝贵的文化传统，其所富含的辩证智慧，正是当代法治建设所应当吸收的重要资源。

三、法家法治类型之评述

关于法家法治类型的评述，不能绕开中国现代哲学家贺麟的评判，他的评述至今依然让人启迪良多。贺先生不抱任何狭隘的现代观念，而是将中国古代社会的法治视为法治的不同类型，[1]这种历史主义的态度包含了正确对待法治的合理性因素。他把法家的法治看作法治的一种类型，现将其相关部分摘录如下：

> 申韩式的法治，亦即基于功利的法治。此一类型的法治的特点为厉行铁的纪律，坚强组织，夺取政权，扩充领土，急近功，贪速利，以人民为实现功利政策的工具；以法律为贯彻武力征服或强权统治的手段；以奖赏为引诱人图功的甘饵；以刑罚为压迫人就范的利器。"有功虽疏贱必赏，有过虽近爱必诛"，就是"人君制臣之二柄"（见《韩非子》）。此类型的法治的长处，在于赏罚信实，纪律严明，把握着任何法律所不可缺少的要素。其根本弱点在于只知以武力、强权、功利为目的，以纵横权术为手段，来实行强制的法律。不本于人情，不基于理性，不根于道德、礼乐、文化、学术之正常。如商鞅之徙木立信等武断的事，均同时犯了不近人情、不合理性、不重道德的弊病。徒持威迫利诱以作执行法令的严酷手段。此种法治有时虽可收富强的速效，但上养成专制的霸主，中养成残忍的酷吏，下养成敢怒不敢言的顺民，或激起揭竿而起的革命。[2]

贺麟先生对于法家的法治类型进行正反两个方面的评价。

贺麟先生认为，法家法治类型的优点在于赏罚的合理配置并且严格法律。这个评价是十分中肯的，要搞法治就必须做到诚信。按照法律的规定，应该奖赏的

---

[1] 主要指的是申韩式法治、诸葛式法治和民主式法治，当然民主式法治是近代之后的事情。

[2] 贺麟：《文化与人生》，商务印书馆1988年版，第46～47页。

就奖赏,应该惩罚的就一定要惩罚。这样,法律才能逐渐内化为人们的心理结构,逐步获得良好的法治效果。破坏法律的重要原因往往是不能很好地坚持赏罚分明的原则,该赏的时候不赏,该罚的时候不罚。中国几千年缺乏法治观念不能说和赏罚不统一、没有严格按照法律办事无关。一些人违法犯罪了,却得到了法律的宽恕,这种现象并不是个别的,这说明了法家的这个思想没有得到良好的发展。当然这里的原因很多,也许根本的原因在于法家说的“严格法律”不符合中国社会的结构。中国的老百姓表面上一般都反对徇私枉法,谈论违法犯罪的时候简直是深恶痛绝,但如果自己或者自己的亲人也沾上徇私枉法的“光”了,则一般就不会大骂徇私枉法了。多数人是以自我为中心的,缺乏普遍的整体性、社会性、公共性的道德关怀和治理期待。然而,一个真正的法治社会不能匮乏“严格法律”的精神,所以法家讲的“赏罚分明”是很好的,我们应该发扬光大。当然,“严格法律”也容易出现问题,如法律教条主义,正是因为“严格法律”所具有的这样的可能性问题,所以才不符合中国古典社会的情理化要求。但是不“严格法律”而放任情理,则往往不是通常人所能做到的,所以“法治的落脚点在于人治”的道理也就十分明显了,实践智慧的介入始终是关于法治的哲学必须考量的一个维度。[1]

贺麟先生对于法家法治的不足谈得较多。贺麟先生认为,法家法治强调了武力、强权、功利、纵横之术,但却忽略了情理、道德、礼乐文化。说法家法治不合乎情理,的确很是有道理的,因为法家的这个特点是从“严格法律”中自然引申的。这也是法家法治的困惑所在,中国社会为熟人社会结构,为人情社会结构,“严格法律”的主张自然不能契合社会人情化的要求。当一个民族的文化心理结构都已经情理化的时候,严格的法律主张是很难成为这个民族的法治精神和理念的。所以在这个意义上讲,法家的法治理论充满了理想性,而儒家的法律思想倒是“击

---

〔1〕 贺麟先生对于法治和人治的问题有个相当深刻的观点,他认为:“法治的本质,不惟与人治(立法者、执法者)不冲突,而且必以人治为先决条件。法治的定义,即包含人治在内。离开人力的治理,则法律无法推动,所谓‘徒法不足以自行’,故世人误认人治与法治为根本对立,以为法家重法治,儒家重人治,实为不知法治的真性质的说法。”参见贺麟:《文化与人生》,商务印书馆 1988 年版,第 46 页。贺麟先生是把人治看作法治的前提,而笔者在这里则用了落脚点的说法,其实质则是一致的。因为笔者认为搞法治有困难,根本的症结在人,所以法治建设之成功必然落实在人的不断提升之基础上。于是就有了法治的落脚点在人治的说法了。

中”了中国社会文化心理结构的“要害”，并保持了与社会结构及情理的高度契合性。法家虽然并不崇尚儒家所推行的道德，但却并不是完全忽略道德。“韩非子是主张刑德并用的，这是法的两个方面功能。他关于禁恶的主张，提示了威刑的作用。但他还崇尚因人之所欲而加以利用的养德，即以赏利促民向善。这与他关于富国强兵的实利主义精神相联结。在他看来，尽管耕种田力劳苦，但百姓为之，可以富裕；战事危险，而百姓为之，可以封功受爵。在他看来，耕作与军功是不证自明的富国强兵之道。因此，他认为，用力耕作与争献军功就是有德的行为，因为它符合治国之道，理应受到奖赏。”[1]由此看来，法家所推崇的道德是一种新型的道德，与儒家所讲的有着很大的差距。法家的道德应该被看作是一种进取型的道德，如韩非子所确立的道德即为一种自力更生之德，为一种鼓励进取之德。然而，新道德固然可贵，但却与宗法制的传统、礼义社会之道德不能很好地融合，这就使法家终究难以与中国之情理社会相契合。

贺麟先生还认为，法家法治会造就“专制的霸主”、官僚阶层的“酷吏化”、百姓“敢怒不敢言”，甚至会酝酿社会革命。法家流派的一些思想家虽然也期望好的君王，但是由于法自君出，而君主往往又在法律之外，所以法家的法治理论实际上是一种缺乏“限制”理念的理论，即使有个别的言论有此意向，终究不能成为一种整体性的思想。[2] 一旦君王的权力失去了限制，那么霸主的出现就很自然了。至于官僚阶层的“酷吏化”，自然是由于“彻底”地贯彻法家理念，缺乏了情理的依托所导致的结果。法家讲究惩罚，而惩罚又倾向于重刑，在对于惩罚的反复强调中，酷吏的风格也就养就了。酷吏在历史实践中成为法家文化的实践者，人们想到酷吏就会想到法家的法治思想，好像酷吏与法家具有内在的紧密关系。应该说，酷吏执法严厉，不避贵胄，的确是难得的。但酷吏往往以维护君主利益和中央集权为己任，为达到此目的，各种残忍的手段便在其政治法律实践中倍加运用了。酷吏

---

〔1〕 陈少峰：《中国伦理学史》（上册），北京大学出版社1996年版，第115～116页。

〔2〕 在一定意义上说反倒是儒家的理论包含了权力限制的思想理念，不过儒家对于君王的限制不是通过法律机制的限制，也不是通过权力对权力的制约进行的，而是运用帝王当有的道德对最高统治者进行限制。君王有君王之德，以君王之德规范自己的行为，就可以达至明君之境界。在这个意义上说，儒家并不是专制的理论，制度的形成原因不能到一种理论中去寻找根据，那样既夸大了理论的作用，也和历史的实际不相符。

会代表朝廷去镇压老百姓的“反抗行为”，也会去歼灭“地主豪强势力”，会帮助君王“铲除奸党叛逆”，他们以威猛的方法，酷烈的手段，成为维护君主政体的帮凶。[1] 贺麟的说法自然是有道理的，中国古代社会的法律实践的确造就了一批酷法吏。由于政治的残忍，法律的酷烈，惩罚的严厉，中国百姓往往“敢怒不敢言”，这就培育了中国特有的“顺民”。但正是这些顺民到了实在无法忍受的时候，也会揭竿而起，闹出一场革命。这是中国历史的常态，当然这并不是法家的理论造就的，但法家的思想的确会包含这样的逻辑。如果一味遵循法家的主张却不讲情理，不亲道德，不亲百姓，则社会革命往往会成为改朝换代的契机。历史上的某种政治实践将法家的思想主张给绝对化了，历史运行中出现的诸多问题不能完全归咎于法家，尽管那些现象看上去好像与法家有着这样或那样的关系。

法家的法治类型在贺麟先生看来就具有上述的优缺点，但贺麟先生对法家的法治类型所持的否定性态度多于肯定性态度。同时贺麟先生认为，法家的法治类型是法治发展的低级阶段，尚需向前进化发展。“由申韩式的基于功利的法治，进展为诸葛式的基于道德的法治，再由道德的法治进展为基于学术的民主式的法治，乃法治之发展必然的阶段，理则上不容许颠倒。”[2] 贺先生擅长黑格尔哲学，自然也不能不受黑格尔思想的影响，因此在法治类型变迁上也体现了辩证法之“发展”的理念。但若的确探究历史，诸葛式的法治类型实际上早就已经蕴含在先秦的儒家思想之中了，这恐怕不好说是从功利的法治发展到道德的法治，当然道德的法治实践的确是在汉代以后成为气候，并成为中国古典社会政治法律运行的重要机制的。

法家的法治未必就是低级的法治类型，其所包含的诸多合理性因素不仅在历史上具有重要的价值，并且在现代中国依然值得认真对待。例如，法家“去等级化”的“壹刑”思想，或许直到今天我们也未能做到，这应当是任何法治所当具备的平等主义的美德。“所谓壹刑者，刑无等级。自卿相将军以至大夫庶人，有不从王令，犯国禁，乱上制者，罪死不赦。有功于前，有败于后，不为损刑。有善于前，有

---

〔1〕 参见武树臣：《循吏、酷吏与汉代法律文化》，载《中外法学》1993 年第 5 期。

〔2〕 贺麟：《文化与人生》，商务印书馆 1988 年版，第 49 页。

过于后,不为亏法。忠臣孝子有过,必以其数断。守法守职之吏,有不行王法者,罪死不赦,刑及三族。同官之人,知而讦之上者,自免于罪。无贵贱,尸袭其官长之官爵田禄。"[1]尽管法家的思想还是为君王的特权留有余地,但毕竟较人情化的儒家更加符合法治的原则。人情固然有人情的道理,但人情若是"私情化"而背离了合理性的要求,那么最终必然会失去人情的支持。法家的合理性正是人情的缺失之所在,认真对待法家的合理性资源是当代中国法治追求者理应面对的问题。

第三节　古典法治的实践逻辑

按照法治类型学的分析框架,中国传统社会不仅存在理论形态的法治,而且也存在现实形态的法治。现实形态的法治的生成,既与理论形态的法治相关,又与现实的政治运行的特质以及社会的运行机制等元素具有内在的、密切的关系。现实的法治形态是社会多元素综合选择的结果,这里面似乎并没有一种预先的设定。有人希望单纯地将儒家思想设定为古典法治实践的蓝图,或者有人希图将法家的法治设定为古典法治的实践蓝图,在实践上都是难以成功的。法治实践的运行过程是非常复杂的,流动的古典法治的形成在知识上是儒家和法家共同塑造的结果,同时政治社会生活中的知识、权力和观念等元素也发挥了"构造"的功能,于是便形成了古典社会实际存在的法治类型。

一、融合论:古典法治实践的思想形态

尽管先秦时期的法治思想在总体上是分派别的,但汉代的儒法合流已经在知识形态上构造了一种新的思想系统,[2]这可以看作是古代中国法治实践的理论基

---

〔1〕《商君书·赏刑》。

〔2〕原本在先秦时期为人们所争论的问题,到了秦汉之后则无须争论。比如,"秦汉以后,'法治'与'人治'的对立已经失去战国时的特殊政体背景,'人治'思想已经成为无皮之毛。秦汉以后,几乎没有发生过政体意义上——是实行规则政体还是实行集权君主政体——这个特定意义上的'法治'与'人治'之争"。参见武树臣:《法家法律文化通论》,商务印书馆2017年版,第4页。

础。当然这种理论的源头很早,甚至在《尚书》中已经有了较为明确的体现,尽管《尚书》所记载的时代并没有所谓的儒家和法家。“无教逸欲,有邦。兢兢业业,一日二日万几。无旷庶官,天工,人其代之。天叙有典,敕我五典五惇哉!天秩有礼,自我五礼有庸哉!同寅协恭和衷哉!天命有德,五服五章哉!天讨有罪,五刑五用哉!政事懋哉懋哉!”[1]从这段论述可以看出,早在文化的初创期人们就已经有了礼法结合的思想意向,那是中国治理文化中极为珍贵的思想财富。一个民族文化的原创思想往往会契合这个民族的社会结构及心理结构,其对于后世思想在根本意义上具有一种构造的功能。“礼法结合”的早期孕育与萌发体现了古典思想的实践关怀。中国思想不是站在一种抽象的知识论的角度去追求所谓普遍的永恒性,而是从实践流动的角度对问题的恰当判断,礼法结合正是实践孕育的结果。中国文化在源头时期就体现了统合性、实践性、平衡性的现实品格,但这并不否认中国文化的理想性,在中国文化元素中深刻地凝结了“天下体系”的美好追求。

儒家的法治思想需要一种整体性把握的基本进路,不能单纯地从儒家思想家们的只言片语中获得该种法治类型的精髓。这种法治思想在理论形态上是与道德主义关联到一起的,不理解道德向法律的嵌入,就不可能真正理解这种法治的思想表达。但儒家的道德在实际上有一个重要的思想内涵被我们忽略了,即道德是一种“宪制性”和“限制性”的概念,这样理解的原因在于儒家的道德是要从人的内在世界和外在行为当中限制君主的权力,同时也对大臣们构成了限制。这种理论设计在当时是相当了不得的,这也是法家难以与儒家相比拟的地方。儒家的法治思想是与人密切关联到一起的。“人有五仪,有庸人,有士人,有君子,有贤人,有圣人。审此五者,则治道毕矣。”[2]“有乱君,无乱国;有治人,无治法。羿之法非亡也,而羿不世中;禹之法犹存,而夏不世王。故法不能独立,类不能自行,得其人则存,失其人则亡。法者,治之端也;君子者,法之原也。故有君子,则法虽省,足以遍矣;无君子,则法虽具,失先后之施,不能应事之变,足以乱矣。不知法之义

---

〔1〕《尚书·皋陶谟》。
〔2〕《孔子家语·五仪解》。

而正法之数者,虽博,临事必乱。"[1]儒家的法治在本质上就是贤人之治。儒家关于这个问题的论述是深刻的。其对于"贤人"的期待与渴求是真诚而自然的,乃是中国文化整体精神的呈现。"贤人"是一个可以引领法治的群体。"贤人"的标准是这样的:"所谓贤人者,德不逾闲,行中规绳。言足以法于天下而不伤于身,道足以化于百姓而不伤于本。富则天下无宛财,施则天下不病贫。此则贤者也。"[2]当然,儒家还是考虑现实的,"贤人"固然是少数,但那些要当官的人总是要做得差不多的。儒家化政治实践中也有关于这个群体的诸多道德规范设定,对该群体的规范要求是儒家法治关怀中"贤哲政治"的维度。"所谓士人者,心有所定,计有所守,虽不能尽道术之本,必有率也;虽不能备百善之美,必有处也。是故知不务多,必审其所知;言不务多,必审其所谓;行不务多,必审其所由。智既知之,言既道之,行既由之,则若性命之形骸之不可易也。富贵不足以益,贫贱不足以损。此则士人也。"[3]倘若没有这个群体的率先垂范,则法治是不可能实现的,法治的根本落足点在"人",这或许是一个恒常的规律。当然,儒家法治思想也并非不注重制度建设,礼治本身就是一套严密的制度体系,法律制度自然也在其总体性设计之中。或许是儒家很早就洞悉了中国社会的特质,因此除了在制度上谋划之外,还特别强调了"人的建设"的重要价值。"德治"与"贤人之治"当然也是统一的,两者共同渗透到了法治之中,使儒家的思想体系具有了一种契合中国社会的整体性进路。

管子深刻地剖析了"明法"的哲理:

所谓治国者主道明也,所谓乱国者臣术胜也。夫尊君卑臣,非计亲也,以势胜也;百官识,非惠也,刑罚必也。故君臣共道则乱,专授则失。夫国有四亡:令求不出谓之灭,出而道留谓之拥,下情求不上通谓之塞,下情上而道止谓之侵。故夫灭、侵、塞、拥之所生,从法之不立也。是故先王之治国也,不淫意于法之外,不为惠于法之内也。动无非法者,所以禁过而外私也。威不两

[1] 《荀子·君道》。
[2] 《孔子家语·五仪解》。
[3] 同上。

错，政不二门。以法治国则举错而已。是故有法度之制者，不可巧以诈伪；有权衡之称者，不可欺以轻重；有寻丈之数者，不可差以长短。今主释法以誉进能，则臣离上而下比周矣；以党举官，则民务交而不求用矣。是故官之失其治也，是主以誉为赏，以毁为罚也。然则喜赏恶罚之人，离公道而行私术矣。比周以相为匿，是忘主死交，以进其誉。故交众者誉多，外内朋党，虽有大奸，其蔽主多矣。是以忠臣死于非罪，而邪臣起于非功。所死者非罪，所起者非功也，然则为人臣者重私而轻公矣。十至私人之门，不一至于庭；百虑其家，不一图国。属数虽众，非以尊君也；百官虽具，非以任国也；此之谓国无人。国无人者，非朝臣之衰也，家与家务于相益，不务尊君也；大臣务相贵，而不任国；小臣持禄养交，不以官为事，故官失其能。是故先王之治国也，使法择人，不自举也；使法量功，不自度也。故能匿而不可蔽，败而不可饰也；誉者不能进，而诽者不能退也。然则君臣之间明别，明别则易治也，主虽不身下为，而守法为之可也。[1]

韩非直言辨析了法刑统一的道理：

故明主使其群臣不游意于法之外，不为惠于法之内，动无非法。峻法，所以凌过游外私也；严刑，所以遂令惩下也。威不贰错，制不共门。威、制共，则众邪彰矣；法不信，则君行危矣；刑不断，则邪不胜矣。故曰：巧匠目意中绳，然必先以规矩为度；上智捷举中事，必以先王之法为比。故绳直而枉木断，准夷而高科削，权衡县而重益轻，斗石设而多益少。故以法治国，举措而已矣。法不阿贵，绳不挠曲。法之所加，智者弗能辞，勇者弗敢争。刑过不辟大臣，赏善不遗匹夫。故矫上之失，诘下之邪，治乱决缪，绌羡齐非，一民之轨，莫如法。厉官威名，退淫殆，止诈伪，莫如刑。刑重，则不敢以贵易贱；法审，则上尊而不侵。上尊而不侵，则主强而守要，故先王贵之而传之。人主释法用私，

〔1〕《管子·明法》。

则上下不别矣。[1]

由此可见,"以法治国"确为法家的本意,这当然也是一种法治主张。我们也能够看到,法家的法治与儒家的法治之间也具有一定的相通性,诸如对于"明主""人主"的强化,实际上表明法家在思想深处依赖明主这样一个主体去完成对法治的追求。任何法治操作都不可能离开作为主体的人,法家虽然不像儒家那样系统论证了这种道理,但无疑包含了此种思想主张。法治的逻辑也包含了主体介入的逻辑,实践的逻辑也必然渗透了法治操作者的主体状态。

作为中国历史上两种思想形态的法治理论——儒家法治和法家法治——都是实际存在的,这是我们"解蔽"之后的"澄明"。于是我们不再固执于现代性法治的唯一性和绝对性,我们也不会再把现代性法治作为评判多元化法治类型的固化标准,这样我们就获得了思想的解放,于是对待世界的方式也就发生了某种变化。作为先秦时期的两个重要学派,儒家和法家都具有强烈的实践面向,法家的实践化在先秦时期就已经开始,至于儒家,虽然其本身属于"实践理性"的范畴,但其向政治法律实践的挺进则主要是在秦汉之后。儒家向"实践"的挺进可谓一举成功,与法家一同构造了中国古代社会法治实践的基本风貌,思想形态的法治糅合到了法治实践的逻辑当中。

二、儒法思想的对象化:古代法治的实践逻辑

一种现实的实践活动理应有某种理论的范导,在一个新的王朝产生之后也往往会表现出对指导性理论的强烈需求。当秦王朝的暴政导致了一个帝国的结束之后,汉王朝自然在反思暴政的同时,也会对法家有些情绪上的抵牾,至于儒家由于没有现实的失败,很快就被统治者相中,成为汉王朝的统御性理论,法家虽然名誉上受到了巨大损伤,但也并没有被舍弃,否则也就不会有"德主刑辅""礼法结合"的说法了。儒家作为意识形态的主导性地位的形成也是一个逐步建构的过

[1] 《韩非子·有度》。

程，由于汉初黄老思想与儒家天然的契合性，[1]无形中助长了儒家思想的崛起。尽管贾谊还不能算是完全的儒家，但其儒家化特征却是十分明显，同时他也并不小看法律，但道德的主导性思想已经蕴含在贾谊的理论体系中。[2] 以至到了董仲舒则为“德主刑辅”的思想奠定了宇宙本体论的根基。尽管董仲舒是儒家，但他的思想无疑体现了“儒法合流”的趋势，这种趋势不仅体现了思想世界的理论构造，而且也是汉王朝文治武功、统一天下霸业的需要。无论是单纯的儒家，还是单纯的法家，都难以真正实现汉王朝的政治理想，儒法结合是时代精神的需要，是思想家和政治家的历史使命之所在。事物的发展都有着自身的实践逻辑，中国古典法治的发展凝结了自身的实践逻辑，它与政治操作的实践逻辑息息相通。

（一）实用逻辑

古代中国政治是典型的实用逻辑。早期儒家政治哲学设定了道德主义理想，“大道之行也，天下为公。选贤与能，讲信修睦，故人不独亲其亲，不独子其子，使

---

〔1〕 汉初的思想家大多具有儒家和道家的综合性色彩，同时也具有法家的某些思想元素。儒家与道家乃至法家也都不是对立的，而是互补的。“天地之性，万物之类，怀德者众归之，恃刑者民畏之，归之则充其侧，畏之则去其域。故设刑者不厌轻，为德者不厌重，行罚者不患薄，布赏者不患厚，所以亲近而致远也。”这可以说是道德主导了。“夫形重者则心烦，事众者则身劳；心烦者则刑罚纵横而无所立，身劳者则百端回邪而无所就。是以君子之为治也，块然若无事，寂然若无声，官府若无吏，亭落若无民，闾里不讼于巷，老幼不愁于庭，近者无所议，远者无所听，邮无夜行之卒，乡无夜召之征，犬不夜吠，鸡不夜鸣，耆老甘味于堂，丁男耕耘于野，在朝者忠于君，在家者孝于亲；于是赏善罚恶而润色之，兴辟雍庠序而教诲之，然后贤愚异议，廉鄙异科，长幼异节，上下有差，强弱相扶，大小相怀，尊卑相承，雁行相随，不言而信，不怒而威，岂待坚甲利兵、深牢刻令、朝夕切切而后行哉？”这当然是充满了浓浓的黄老道家情结，但儒家也贯穿其中。以上引用文字均出自陆贾《新语·至德》。

〔2〕 “明君而君子乎，闻善而行之如争，闻恶而改之如雠，然后祸菑可离，然后保福也。戒之！戒之！”“诛赏之慎焉，故与其杀不辜也，宁失於有罪也。故夫罪也者，疑则附之去已；夫功也者，疑则附之与已。则此毋有无罪而见诛，毋有有功而无赏者矣。”至于贾谊关于向民的精彩论述同样也是一种道德主导性思想的体现。“闻之於政也，民无不为本也。国以为本，君以为本，吏以为本。故国以民为安危，君以民为威侮，吏以民为贵贱。此之谓民无不为本也。闻之於政也，民无不为命也。国以为命，君以为命，吏以为命，故国以民为存亡，君以民为盲明，吏以民为贤不肖。此之谓民无不为命也。闻之於政也，民无不为功也。故国以为功，君以为功，吏以为功。国以民为兴坏，君以民为强弱，吏以民为能不能。此之谓民无不为功也。闻之於政也，民无不为力也。故国以为力，君以为力，吏以为力。故夫战之胜也，民欲胜也；攻之得也，民欲得也；守之存也，民欲存也。故率民而守，而民不欲存，则莫能以存矣；故率民而攻，民不欲得，则莫能以得矣；故率民而战，民不欲胜，则莫能以胜矣。故其民之为其上也，接敌而喜，进而不可止，敌人必骇，战由此胜也。夫民之於其上也，接而惧，必走去，战由此败也。故夫菑与福也，非粹在天也，又在士民也。”上述言论均出自贾谊《新书·大政上》。“民”的维度乃是政治哲学“大德”的表现，而这种政治哲学是古代政治法律实践的合法性前提。

老有所终，壮有所用，幼有所长，矜寡孤独废疾者，皆有所养。男有分，女有归。货恶其弃于地也，不必藏于己；力恶其不出于身也，不必为己。是故谋闭而不兴，盗窃乱贼而不作，故外户而不闭，是谓大同。"[1]这是道德理想主义的政治观。"天下为公"又是何等气魄？然而，历史上的政治运行却并非如此。儒家早期政治哲学理想中的元素也并非完全没有被秦汉之后的历代王朝所吸收，其"选贤与能"的主张是中国历代政治法律运行的一个重要特质。这便是统治者从实用的角度出发所做出的考量。"天下为公"当然不具有实用的选取意向，[2]但"选贤与能"却是政治生态发展的必须。汉代之后的王朝吸收了儒家思想中的"贤哲政治"和"德治主义"的思想传统，这种传统之所以能够被政治所吸取乃是基于实用考量的结果。也可以说，是这些元素本身对政治的有用性决定了历代统治者的选择方向。当然，对于一个王朝的治理而言，单纯的道德治理与"贤人之治"是远远不够的。于是从实用的立场出发，法家的"法治主张"自然会被作为政治统治方略加以优化选择。秦王朝当初选择法家也是出于实用主义的考虑，因为法家在一定意义上讲，可以满足其统一六国的需要，而其中法家的功利主义更是契合了政治的实用态度。虽然汉王朝统治者认识到了单纯的法家治理模式是危险的，但在以儒家为主导意识形态的前提下，选取法家的法治思想和刑罚理论作为统治方略也是有效的。例如，法家有一个重要的思想，就是"循名责实"，这是具有实用心态的统治者都喜欢的理政之道。"'循名以责实'，是一种极端清醒、极端理智的现实主义。当时代不再那么浪漫，人们的关注点就开始集中于现实问题，对于无'实'而空谈'名'的纯粹语言思辨就不那么有兴致，当社会不再那么混乱，生存空间随着秩序化的社会来临越来越小，对于徒具启迪意义而容易混淆思路的辩者就不那么美妙了。"[3]汉代当然是一个秩序化的时代，政治架构充满了实用主义的精神。其实，也不仅仅是在秩序化的社会中，任何社会的政治都会具有或多或少的实用逻辑，即便是号称追求自由主义理想的美国政治也同样充斥了灵活与变通的实用色彩。

---

〔1〕《礼记·礼运》。

〔2〕在另一种"旗帜"的实用性上，"天下为公"的口号话也符合政治发展的实用主义逻辑。

〔3〕葛兆光：《中国思想史》(第1卷)，复旦大学出版社1998年版，第312页。

一个值得注意的现象是，汉代的思想家多是从政治需要的角度论证其政治哲学的。而在其论证中，道德与刑罚的结合，“德治”与“法治”的融通就成为其自然而然的论证法则，这在根本上是实用主义的。“民无所好，君无以权也；民无所恶，君无以畏也；无以权，无以畏，则君无以禁制也；无以禁制，则比肩齐势，而无以为贵矣。故圣人之治国也，因天地之性情、孔窍之所利，以立尊卑之制，以等贵贱之差，设官府爵禄，利五味，盛五色，调五声，以诱其耳目；自令清瘗昭然殊体，荣辱踔然相驳，以感动其心；务致民令有所好，有所好，然后可得而劝也，故设赏以劝之；有所好，必有所恶，有所恶，然后可得而畏也，故设罚以畏之；既有所劝，又有所畏，然后可得而制；制之者，制其所好，是以劝赏而不得多也；制其所恶，是以畏罚而不可过也；所好多，则作福；所恶多，则作威；作威则君亡权，天下相怨；作福则君亡德，天下相贼。故圣人之制民，使之有欲，不得过节；使之敦朴，不得无欲；无欲有欲，各得以足，而君道得矣。”[1]这种论证具有辩证法的色彩，也是浸染了实用主义的辩证法。“国之所以为国者，德也，君之所以为君者，威也，故德不可共，威不可分，德共则失恩，威分则失权，失权则君贱，失恩则民散，民散则国乱，君贱则臣叛。是故为人君者，固守其德，以附其民，固执其权，以正其臣。”[2]这是一种实用主义的政治哲学态度。思想的逻辑一经确定，政治法律的实践逻辑也就顺理成章。从汉王朝之后，中国历史上便确立了儒法并治的实践逻辑，经过实践的沉淀，在中国历史上形成了稳定的“儒法意识形态”，绵延两千年而不衰。它已经构成了人们的文化心理结构，从而转化成了一种真正的传统。

（二）情理法的逻辑

在传统中国法治运行中，贯穿了情理法的实践逻辑。情理化在理论上属于儒家的元素，而法的运用则可以看作主要是法家的元素，因此情理法的逻辑也可以被看作儒法思想走向现实的实践逻辑。传统文化总体上具有情本体的特征，以情感的考量为中心，古人展开自身的思想与行动。即便是现代中国人，又何尝不是如此呢？古人在考虑问题的时候，心理世界中内在地孕育了一种情感化维度。情

---

〔1〕《春秋繁露·保位权》。

〔2〕同上。

感并不是一种“刚硬”的元素，但它也不是所谓的“温情”，中国人的“情”是一种中道的“情”，是牵涉了内在合理性欲求的“情”。“情本体”不是单纯的内心世界的问题，“情”一定要面向行动世界，使行动世界表现为一种合理性。李泽厚先生强调指出：“‘情本体’内推为‘以审美代宗教’的宗教哲学，外推为‘乐与政通’‘和谐高于正义’的政治哲学。”[1]“‘情本体’可以而且必须与政治哲学有联系，它绝不只是内向体验和个体心理问题。如果只有内向、内推，就不是儒学‘道始于情’‘礼生于情’了。”[2]这个“情”不仅仅局限在观念世界和日常生活领域当中，否则也就不可能叫作“情本体”了。它必然要向外推，推到政治领域当中，推到法律领域当中，推到民间社会的治理活动当中。人的“内在”与“外在”两方面由“情本体”做了最为根本的奠基。这无论在理论上，还是从实践上讲，大体都是说得通的。

既然“情本体”意味着“外推”，其在法律生活实践中的贯彻便是自然的事情，情理法的生成便有了最为可靠的本体论依托。传统文化所推崇的“情”不是“私情”，不是任性的“情”，不是狂妄无忌的“情”，而是需要满足社会合理性期待的“情”。这样的“情”自然要与理相互交融。“儒学建筑情理交融结构这一特征，当然充分表现在表层结构的‘内圣’之学或道德形而上学上。”[3]同时，“这种情理结构也同样表现在表层结构的‘外王’之学上”。[4] 情理交融是以古代中国的生活世界为基础，契合了中国社会的结构，同时也契合了儒家哲学的内圣外王之道，其向法律生活实践的挺进就显得再平常不过了。这种本体化的内在心理结构一旦与法律实践相结合，就会出现情理法的格局，这是思想的实践逻辑，是理论与实践内在统一的逻辑，是生活与观念相通的逻辑。“在这样一套强调‘情理交融’和‘天人一体’的宇宙图式基础上，所谓‘以孝治天下’，由于把具有现实情感的‘孝’注入、渗透、主宰整个社会政治体制，从而在很大程度上改变了原法家（如韩非）以现实利害和理智估量为基础，并追求形式的普遍有效性的理性立法方向，转化而为重人伦、重实质、重情感、重社会关系、灵活性很强的伦理立法。这就是所谓‘礼法

---

〔1〕 李泽厚、刘绪源：《中国哲学如何登场？》，上海译文出版社2012年版，第99页。

〔2〕 同上书，第104页。

〔3〕 李泽厚：《世纪新梦》，安徽文艺出版社1998年版，第120页。

〔4〕 同上。

交融'‘援礼入律’‘法由礼断’。这也就是我所认为最重要的‘儒法互用’。”[1]这是“情理法”的实践逻辑,也是儒法融通的实践逻辑。

下面看一则情理法交融的典范事例。

> 审得即墨县解送王小山杀人一案,本府一再审问,觉有不类,再四开导,始知为卖命顶凶者。真正杀人凶手,实为屈培秋。今已提到正凶,供认不讳。查杀人者死,律有常刑,所以惩凶匿,儆邪辟也。若有钱可以买代,则富家子弟,将何所顾忌?皇皇国法,是专为平民设,而非为富豪设矣。有是情乎?有是理乎?千金之子,不死于市,此本乱世末流之行为,而非盛世圣朝之所应有。屈培秋以口角细故,用刀杀人,其罪已不可逭;而又不束身司败,以二百金买人一命,则家有百万,可以屠尽全县。以一案而杀二命,其罪更何可恕。须知前一杀,尚出于一时愤极,或非居心杀人;后一杀则纯为恃富杀人,有心杀人。误杀者,可免抵;故杀者,不可免也。屈培秋应处斩立决,并于行刑前,先杖二百;王小山顶凶卖命,依律亦应杖责,姑念出自孝心,为养活父母计,应从宽免责;王小山父王桂林,贪图二百金之微利,至将亲爱之子,付诸刀俎之下,不特犯国法,且无人情,依律应处无故杀害子女罪减等,杖二百,流五千里。姑念其子小山,孝弟性成,初次审问时,即哀哀吁请,勿累父母,并愿以一命牺牲,不累堂上。泪随声下,满堂为之弹指。今果按律惩处,不几大伤厥心,本府为爱护孝子计,一体准予免责。薰蚊虻以烧艾炷,恐坏罗帷;剔蚯蚓于兰根,虑伤香性。治恶僧须看佛面,打疯狗还念主人。全孝子之心,捐顽父之杖。即墨县令审案糊涂,办事昏聩,姑念事出无心,免于惩办,从宽详请撤任。[2]

在这个判例中不仅有着法律分析,而且渗透着深刻的“义理”及“情理”的道德化分析和判断。张船山的分析和追问有这样的几个方面:首先,法律难道是专门

---

〔1〕 李泽厚:《已卯五说》,中国电影出版社 1999 年版,第 86 页。

〔2〕 金人叹、吴果迟编著:《断案精华》(下册),海峡文艺出版社 2003 年版,第 330~331 页。

为富人设立的吗？这一情理化追问体现的是古代法官“为民请命”的道德关怀。其次，一案杀两命，其罪怎能宽恕？这是在事实基础上对严重违法和不道德行为的追问和批判。最后，王小山和他的父亲都应该受到法律的惩罚，但均由于王小山的孝行而得到了免除，这又是“情理化”的糅合。这样的判例，于法律能够看得真切，而从道德则能够使人信服。该判决逻辑清晰，能够使人们产生逻辑上的确信。同时借助为传统社会所支撑的伦理道德加以论证，易于获得人们的认同。该判例体现了古代法官不拘一格、灵活多样而又不失论证的判案风格，是道德合理化理念在古代法官身上的鲜明体现。在这里，情理法的融合是自然的，但其间情理法的逻辑却是情理在主导着法律的实践，或者说“情理”构成了古代法律的导向性元素，根植于人们内心世界中的元素在外化过程中往往居于主导的位置。

（三）人与法的实践逻辑

“人”与“法”的问题是中国法哲学的一个重要领域，也是法律运行中关乎实践效果及其合理性的重要问题，这个问题的背后就是被人们习惯表达的“人治”与“法治”的逻辑。现代学者多认为法家有“法治”主张，而儒家并不主张“法治”，普遍认为“人治”是儒家的固有逻辑。无论是法家还是儒家，他们都主张“法治”，只是他们所主张的“法治”的类型有差异，但无论是哪家的法治类型，都与现代性法治类型有着根本的区别，区别的标准主要是价值问题。我们不应该将“人治”与“法治”作为儒家与法家区分的尺度。它们都是中国文化固有的逻辑，而在法律实践当中则表现为人与法的并重，这其实是任何法治谋划和实践都必须认真对待的问题。

“人”与“法”在古代法治实践中的结合，可以看作是儒法意识形态的实践形态，自然就是儒法思想的实践逻辑。在古代法治实践中，“人法并重”的理念获得了贯穿，而这种实践逻辑的思想论证早在先秦就已经明确了。“有乱君，无乱国；有治人，无治法。羿之法非亡也，而羿不世中；禹之法犹存，而夏不世王。故法不能独立，类不能自行，得其人则存，失其人则亡。法者，治之端也；君子者，法之原也。故有君子，则法虽省，足以遍矣；无君子，则法虽具，失先后之施，不能应事之变,足以乱矣。不知法之义而正法之数者,虽博,临事必乱。”[1]当然,荀子在这里更多地是在强调人的作用,对于君子的渴望是荀子思想的内在逻辑,但这并不能说荀子就忽略法的价值,否则就不会有“隆礼重法”的思想传统了。荀子的思想是观念中的实践逻辑,是面向生活世界的思想义理,真正体现了“理论与实践”的内在统一。一位面向实践的哲学家为两千年的中国政治法律实践指明了方向,阐释了历史发展的实践逻辑。两千年的中国历史实践印证了荀子思想的真理性。历史的实践显示:人法并重则国兴,人法偏重则国庸,人法不重则国灭。

中国古代社会具有“君臣共治”的传统。贤明的君王都会重视“人”的作用,他们千方百计寻求人才。而在具体的法律实践中,由于通过科举考试选拔的人才进入法律实践中,“人”与“法”的协调并举就成了一个自然的现象。尽管这种现象是法治实践中的固有逻辑,但也还是具有一定的理想性。昏聩的官吏往往也不乏其人,“恶”的法律也从未消失,这算是现实中另一面的逻辑了。纯美的现实也是不存在的,尽管“实践”概念所揭示的是人类不断趋向于“善”的追求。“人法并重”同时意味着实践智慧的介入,法治实践的逻辑内在地要求实践智慧的登场,无论是对法治的谋划还是具体行动方略的选择都依赖于实践智慧。[2]只有我们对法治实践的理解和把握,真正深入到实践智慧的深度,才可能恰当地理解作为实践智慧的法的意义,也才能懂得“人”与“法”的内在结合构成了一种生活方式,一种追求真正的善的生活方式。古代法治实践的逻辑正是在“人法并重”当中展现了实践智慧的价值,同时彰显了古人对“善”的合理化生活的理解和把握。

---

〔1〕《荀子·君道》。

〔2〕以实践概念和实践智慧为基石的法治观乃是一种实践主义的立场和观点。尽管很难为实践主义下个定义,但我们仍然需要明确,实践主义作为一种哲学立场,以实践、实践理性、实践智慧的概念为基石,所表达的是实践取向的世界观,而在法学上则表现为法律实践主义。关于法律实践主义是这样的一种法哲学立场:“法不是抽象的规则体系,也不是普遍的知识体系,而是普遍与具体的‘视域融合’;法虽然不排斥理性的价值,但在根本上法具有经验主义的本性;法的根本目的不是追求知识体系的架构,而是倡导对问题的恰当解决,因此具有情境主义的特质;法是面向实践的,作为实践智慧的法本身就包含了一种目的性,这必然表现为对于善的追求,这里的目的并不是一种所谓的幸福和功利,而是一种恰当的生活;法是一种行动理性,行动的主体永远都是在场的,主体的在场更加突出地要求实践智慧;法作为实践智慧主张一种深思熟虑的判断,这是对于法律科学化的反对;法是不断的生成过程,实践过程中的多种元素都参与着法的构造。”参见武建敏:《中国法治实践学派的哲学基础》,载《浙江大学学报(人文社会科学版)》2016年第3期。

三、中庸主义的实践观

中国文化的核心是“中和”“中庸”“中道”。“天命之谓性，率性之谓道，修道之谓教。道也者，不可须臾离也，可离非道也。是故君子戒慎乎其所不睹，恐惧乎其所不闻。莫见乎隐，莫显乎微，故君子慎其独也。喜怒哀乐之未发，谓之中；发而皆中节，谓之和；中也者，天下之大本也；和也者，天下之达道也。致中和，天地位焉，万物育焉。”[1]“中和”是天命、是道，是天地万物之本，也是君子的理想人格。这种观念无论是在理论的思想形态中，还是在民间流动的观念形态中，都被人们所称“道”。“君子中庸，小人反中庸，君子之中庸也，君子而时中；小人之中庸也，小人而无忌惮也。”[2]作为天下之达道的中和、中庸是天人统一之下的大道，也是君子的品格，小人是很难达到这种境界的，正所谓“非君子莫能为也”。

中国文化中之所以特别强调“中和”“中道”“中庸”的大德，应该与中国哲学的基本精神是契合的。中国哲学与西方哲学相比有一个重要区别，西方哲学强调两个世界，具有明显的二元论色彩，基督教哲学悬设了一个上帝的世界，与世俗世界形成了两个世界；本质主义哲学创造了一个理念的世界，这一理念世界与经验世界是二元的。二元论是一种“分”的哲学。中国哲学一开始就在强化“天人合一”的思想观念。在本体论上讲，天与人是不分的，天不是离开人之外的一个世界，而人则是要顺乎天，绝不能与天相违，道家的“道法自然”者是也。“天人合一”“道法自然”，正是一种人与万事万物协调统一的思想理念，这可以看作“中和”思想的本体论支撑。

然而，从根本上讲“中和”的观念并不是一个本体论的话题，[3]尽管它有着本体论的依托。“中和”就其主旨而言是生活化的，是人事的规律，是一种大德，是人类社会事物的法则，是人在行动中需要贯彻的原则。“中和”自身就具有一种道德哲学的基本维度，缺乏德性的小人是不可能做到中和的。“中和”是一种实践理

〔1〕《礼记·中庸》。

〔2〕同上。

〔3〕但是，若从“经验”本体的意义上讲，则“中和”本身具有本体论地位，因为“中和”是依赖于经验的，其本身也是面向实践的。经验本身是生存论意义上的本体，而不是对象世界意义上的本体。

性,“中和”的美德要体现在政治行动、法治实践、道德生活以及日常的待人接物当中,它是中国文化的整体精神,是中国文化的精神枢纽。但“中和”也好,“中庸”也罢,都不是一种简单的“不偏不倚”,更不是所谓的“老好人”作风。“中庸”可以被称为“实践智慧”,“老好人”是无法做到“实践智慧”的。“中庸”的大德既包含了德性的维度,也包含了理智的维度。若仅仅具有单一的道德维度是不可能达到“中庸”的精神境界的,理智的介入会在特定的情境中为行为选择提供恰当的理由和根据。在政治、法律、道德行为中,人们都需要“择善而从”,但“择善而从”的过程必然是个理智介入的过程。否则,实践中善的元素就会缺乏有力的依托和支撑。作为实践智慧的“中庸”,在法治行动中自然会表现出“中庸主义的实践观”。

法律实践就其根本而言,关涉的是普遍与具体的关系,在普遍与具体之间“中道”“中和”的观念应该被看作一种原则。在国家与社会之间,古代的法官绝不是单纯地站在国家的立场对社会指手画脚、横加干涉,而是寻求两者之间的平衡,对问题的解决给出一种恰当的判断,并采取合理化的行动方略加以解决。在古代社会,如果一个法官仅仅考虑国家的立场,而忽略社会的立场,会被指责为“酷吏”,自然不是一个好的官员。好的法官必须站在国家与社会之间,寻求两者之间良好的结合点。正是这种对平衡的追寻,可以将其看作实践智慧。一个英雄的朋友有心复仇却无力行动,于是英雄代替朋友进行复仇,结果英雄为朋友及家人报了仇。[1] 那个时代的国家法律是禁止复仇的,但儒家的道德体系和民间社会却对复仇给予支持或同情的态度,尤其是民间社会对复仇更是有习俗的支撑。法律要将英雄杀头吗?也许一位单纯的法家官吏会采取单纯的国家化立场。但自汉代开始,儒家化的官员已经占据了主导地位。民间社会的习俗可以不考虑吗?儒家意识形态的主导观念可以被忽略吗?有个官员采取了这样的选择:他将自首的英雄放跑了,宁愿自己为英雄而接受国家的制裁。笔者认为,这个官员的行动恰当地表达了“中庸”“中道”的美德,可谓“实践智慧”境界的体现。他在法律选择中的

〔1〕《汉书·郅恽传》记载:恽友人董子张者,父先为乡人所害。及子张病,将终,恽往候之。子张垂殁,视恽,歔欷不能言。恽曰:“吾知子不悲天命,而痛仇不复也。子在,吾忧而不手;子亡,吾手而不忧也。”子张但目击而已。恽即起,将客遮仇人,取其头以示子张。子张见而气绝。恽因而诣县,以状自首。令应之迟,恽曰:“为友报仇,吏之私也。奉法不阿,君之义也。亏君以生,非臣节也。”趋出就狱。令跣而追恽,不及,遂自至狱,令拔刃自向以要恽曰:“子不从我出,敢以死明心。”恽得此乃出,因病去。

表现正是“中庸主义的法治实践观”，也是基于“实践智慧”的考量判定，更是君子人格的最佳体现。

法律实践的基本问题是普遍与具体的关系问题，法律问题的解决都无法脱离普遍世界，也不能离开具体世界。真正的法律问题都是在普遍与具体之间发生的，这里所牵涉的“中庸”理念和实践智慧也是最为突出的。人类的生存要满足“择善而从”的原理，法治实践当然也要贯彻“择善而从”的原则，尤其是在古代中国儒学意识形态控制下的社会生活就更是如此了。“人们运用实践之知进行生存选择和决定显然是一种普遍与特殊的关系，即人用具有普遍性的理性在特定的生存处境中选择和决定。但这与依照技术规则制造一种产品那种普遍与特殊的关系不同。规则与产品是可以分开的，而实践之知则无法与社会道德伦理和存在分开。规则是有限的、确定的，而实践理性或实践之知是随着具体环境而有不同的表现。它的普遍性就在于它存在的特殊性。”[1]古人在具体的情境中没有用普遍去宰割现实，而是能够做到在普遍与具体之间、国家与社会之间、法律与情理之间做出恰当的选择，体现了一种审慎的生活哲学的基本观念和立场，更表现了古人卓越的实践智慧。他们在特定场景下的选择又总是能够表现出一种对于“善”的把握和选择。这种“善”的原理是儒家主导的。“古者修教训之官，务以德善化民，民已大化之后，天下常无一人之狱矣。”[2]《贞观政要》云：“臣闻道德之厚，莫尚于轩、唐，仁义之隆，莫彰于舜、禹。欲继轩、唐之风，将追舜、禹之迹，必镇之以道德，弘之以仁义，举善而任之，择善而从之。不择善任能，而委之俗吏，既无远度，必失大体。惟奉三尺之律，以绳四海之人，欲求垂拱无为，不可得也。故圣哲君临，移风易俗，不资严刑峻法，在仁义而已。故非仁无以广施，非义无以正身。惠下以仁，正身以义，则其政不严而理，其教不肃而成矣。然则仁义，理之本也；刑罚，理之末也。为理之有刑罚，犹执御之有鞭策也，人皆从化，而刑罚无所施；马尽其力，则有鞭策无所用……是以圣帝明王，皆敦德化而薄威刑也。”这里的论述也可以看作行动选择的合理性依托，若是真切地体会了其间的价值原理，包括其中的一些

〔1〕 王炳书：《实践理性论》，武汉大学出版社2002年版，第27页。
〔2〕《汉书·董仲舒对策》。

主导性概念，如“仁”“义”“仁义”等，则不同情境中的恰当选择就有了明确的价值方向，实践智慧本身就意味着价值的恰当性。

“中庸主义的实践观”在古代中国是一种现实的行动智慧，它有着牢固的本体论哲学依托，同时面向实践展现了自身的卓越智慧。它遵循的善的原理和法则，在特定场景中绝不会偏颇，它是在谋求一种恰当的生活。这就使古典中国的法治实践呈现与人们的生活世界息息相通的本质规定性，同时也揭示了中国古典法哲学所具有的生活化气质，它构成了当代中国架构自身的自主性理论的思想前提。

第二章　历史变迁:法治的现代性追寻

中国历史发展到近代社会发生了一定程度的断裂,既有的传统开始被反思与批判,西化的声音表现了顽强的态势。但是,在追求现代性的过程中,我们自身的传统依然在发挥作用,尤其是那种已然渗透到人们的文化心理结构中的传统元素并没有随着现代性工程的架构受到根本性的动摇,而是表现出了一种顽强的精神力量和习惯性力量。法治实践的探索有着自身的规律,不可能按照人们主观的意志去构造某种现代性的法治形态。认真对待传统就是认真对待人本身,将传统与现实的人的实践的考察结合到一起,才可能真正把握法治的机理。

第一节　百年中国法治探寻的阶段、路径及理论诠释

从近代中国至今,中国就在谋求自身的法治发展道路。百年来,这个民族所进行的法治改革是非常普遍的,“法治”概念的使用频率在当代中国更是达到了前所未有的程度。“法治”概念的频繁使用在某种意义上讲,恰恰说明了我们存在更多的法治发展中的困惑,一个伟大的民族是要直面问题而后才能有大的发展。然而,值得庆幸的是,在徘徊彷徨数十年之后,我们终于确立了建设中国特色的“社会主义法治国家”的宏伟蓝图。在百年多的法治探寻中,中华民族尝试了多种法治发展路径。反思百年来的法治发展道路,对当下中国之法治发展具有重要的意义。

一、清末修律启动了法治“现代性工程”[1]

清朝末年，政府已经意识到了变法的重要性，历史发展的态势已经不是帝国政府所能控制，即便顺应所谓的时代潮流开始修订律典，也难以再以帝国自身构造的能动性左右历史的发展方向。修律本身自然是坚持了实用的政治原则。本着功利主义的缘由，希望继续皇帝梦的清王朝在修律方面也着实下了一番功夫，但我们必须明确此时的清王朝早已经没有了王朝之初的政治关怀和远大理想。在清末所制定的法律文本中，有两个宪法性的文本需要做个交代，即《钦定宪法大纲》和《宪法重大信条十九条》。《钦定宪法大纲》自然是受到了欧洲启蒙思想的影响，民权的问题不能不涉及，诸如关于“臣民”的一些权利，出版、集会、结社及言论之自由等，字面上看酷似西方宪法法治思想的重要表达，但其实仅仅是一种托词而已。当生活在一个社会中的人们没有形成关于人自身的“主体自我意识”的时候，就不会真正地尊重人本身，自由与权利无非只是一种话语体系而已，而生活在彼时历史实践中的人们也难以真正享有这些政治权利。至于不受随意地逮捕和处罚，那就更是一纸具文了。“人”自身没有觉醒，统治者不懂得尊重“个体”，权利自然不可能落到实处。在世界上最完美的成文宪法已有百余年历史之时，仍然

---

〔1〕 在此无意于对中国启动现代性法治的具体时间进行争论，那对于思想的探求而言是无足轻重的，其实所言说的清末修律也无非是表征了一个大致的时代及那个时代思想的涌动。具有近代化法治的思想理念，有人认为是从19世纪中期开始的，这固然有一定道理，但其实那个时候舶来的法治并未在中国现实地展开，思想的启蒙难以代替现实的运动。“中国思想界对于法治的信念，是在19世纪中晚期孕育与萌生的。这个过程体现了中国思想界对于固有文明秩序的重建。从思想史的角度上看，法治信念的形成经历了三个阶段：在19世纪中期，思想界出现了对于传统文明秩序的质疑与批判，这是法治信念诞生的精神前提；洋务运动期间，思想界关注的焦点从‘工商救国’逐渐转向‘议会救国’，这是法治信念形成的经济与政治提前；甲午中日战争加重了中国文明秩序的危机，促成了从根本上改弦更张的时代要求，以民主立法、政府守法为核心的对于现代法治的信念终于形成。”参见喻中：《近代法治信念是怎样形成的：一个思想史的考察》，载《法学论坛》2011年第1期。这个时期关于“现代法治的信念”是否终于形成，并不能匆忙做出决定，但毫无疑问从19世纪中期就开始的思想运动对现代性法治观念的生成以及现代性工程的开启具有重要的前提性价值。

确立大清皇帝万世统治的计划实在是没有诚意的表现。[1] 更有所谓立法权、行政权、司法权都总揽于皇权，“君上大权”也着实可观，以宪法巩固帝制的企图则是十分凸显。[2]《宪法重大信条十九条》相比《钦定宪法大纲》，它的宪法性质有所加强，涉及了责任内阁制度，在形式上限制了皇权，扩大了所谓国会的权力，但皇帝神圣不可侵犯仍然是其主导意向，根本不可能形成具有真正民主价值的宪法理念。[3]

我们要看到这两个具有宪法性质的法律文本已经凸显了近代中国追寻自由民主型法治的冲动，这种冲动一旦开始就决定了中国历史无论在后世的哪个阶段都不能不去思考民主型法治如何构建的问题。在这个意义上，清末修律具有一种开启性价值，在无奈中表达了一种觉醒的声音，从此以后中国法治进程再也无法回到过去，而只能在呼应世界潮流的前提下实现具有自身特色的改革。

在清朝的修律活动中，制定了众多的法律文本，其中有改革“官制”的法律，也有治安方面的诸多行政法律，而刑律、民律、商律则尤为突出。这些文本无论在数量上还是内容上都具有某种“根本性”变化，从中我们看到了中国历史变化的某种

〔1〕 当然，对待皇帝的“万世统治”和“君上大权”的设定，我们也不能过分苛责，它毕竟是那个时代难以克服的观念。对于帝制王朝而言，它自然会强调自身的不朽统治，“君上大权”也不可能短期内消除。“朝代的更换、文明的发展并没有使这种传统的政治文化发生任何改变；相反，在沧海桑田的变换中，这种传统的君主专制制度却始终保持着基本面貌，以皇权为顶点，以各级官僚为中层，以广大民众为底层的金字塔式的专制集权体系日渐巩固，王权至上、君主专制成为人们普遍的信仰，君主专制统治的合法性和权威性得以牢固确立。”中国的传统原本如此，正是基于这样的背景，“万世皇权”的设定也就自有其情理了。张剑认为：“大纲在中国宪政史上确立了根本法的地位，确立了二元制君主立宪政体，初步确立了分权模式，初步确立了权利义务观念，与西方宪政初步实现了形式上的对接。”参见张剑：《〈钦定宪法大纲〉与清末政治博弈》，载《史学月刊》2007年第6期。这样的分析是颇有道理的。

〔2〕 从一种多元化的立场出发，帝制也好，君主制也罢，并非绝对地不能与宪法相协调，但宪法之首要大义在于权力的制约，倘若“君上大权”不能获得制约，也就在根本上背离了宪法的本义。每个文化传统都可以形成自身特色的宪法，但宪法当须有共性，这便是共性与个性相统一的道理所在。

〔3〕 宪法精神与理念绝非一朝一夕所可生成，在中国这样有着悠久传统的民族里搞宪法，遭遇的传统文化心理结构过于强大，任何时候都不可操之过急，只待宪法心理得以逐步生成，才可能造就真正的宪法精神。这里谈到了民主，但民主也是多样化的，中国所可形成的民主与欧美国家的必然不会相同。

必然性,这是在“历史之势”也难以阻挡的情景下的一种“构造性选择”。[1] 延续了两千多年的传统法律受到了重大的摧残,历史是否变化的问题再也不是一个单纯的理论问题,而演化为一个实践的问题。似乎从中还可以隐约感受到中国法律发展的基本方向,这个方向实际上成为延续至今中国人民的追求。当然,任何方向都是可变的,永恒不变的观念不符合历史唯物主义,实践的逻辑同样如此。关于清末的修律活动,有些重要问题需要我们认真考量。

首先,清末修律在体例上模仿西方的法典文化,对传统中国法律的形式体系(体例)进行了某种“颠覆”。在传统中国法典中,基本没有民法和刑法等法律门类的划分,一部法典往往具有众多领域的法律内容,掺杂在一起,没有明确的分类。而清末变法下的修律活动则形成了崭新的法典体例,法律门类体现了明显的近代化意向。有学者认为清末修律建立起了“六法”的法律体系,即民法及其相关法律、民事诉讼法及其相关法律、刑法及其相关法律、刑事诉讼法及其相关法律、法院编制法、行政法及其相关法律。[2] 如果以此作为标准加以分析,我们可以看到清末修律在法律体系上大致实现了近代化。当然,这种细致而具体的专业化和专门化的法律门类划分与中国古典社会浑然一体的法律体系有着重要的区别。至于说到底谁好谁坏,我们不能妄加判断。

在中国古代社会,那种简单的社会文化机理自然不要求明细的法律门类划分,浑然一体的法律体系就足够解决人们所面对的问题世界。历史实践中分工的程度同样参与了这样的构造过程。但近代社会以后,中国与西方接轨已经成为历史中无奈的必然,保持原有的法律不变已经是不可能的事情了。但我们不能因为法律的近代化是当时的一种需要,从而就认为传统中国的法律体系是大有问题的,传统的法律在中国有效地运行了两千多年,绝对不能做枉然无效的评判。西方的法律体系并不必然地比中国古代的法律体系好。近代中国法律的变革更多地考虑的是一种功利化欲求,并没有认真地反思传统,致使传统即便到今天也没

〔1〕 这种所谓的必然性其实并不是导源于内因,而是外力作为主导的原因所造就的历史变迁。按照中国文化和历史固有的实践逻辑,中国历史未必就要在近代发生变迁,但以物质文明和科技文明的强大构造力,中国在近现代的变革也就具有了某种必然性。

〔2〕 参见张晋藩:《中国法律的传统与近代转型》,法律出版社 1997 年版,第 449 页。

有深入挖掘。当然作为流动的传统,其影响力和塑造力仍然是十分强大的。这也说明,尽管法律体系上向西方学了很多东西,但法律运行上却还是中国的老一套。

其次,清末修律在内容上是一个混合体,可以说既具有传统的色彩,也具有近代化的思想意向。清末政府的法律毕竟是以皇帝的名义所颁布的,自然就要打上浓厚的传统烙印,帝制的传统是不会变化的,皇权的根本利益也是不可侵犯的。但毕竟清末修律开创了中国法律近代化的先河,而所谓的近代化在当时而言就是西化,是资本主义化。当然法律的近代化在一定意义上说是个启蒙的问题,但一个民族个人"主体自我意识"的养成是异常困难的,没有真正的主体人格的觉醒就不可能有真正的近代化,当时的中国民众不可能普遍地具有这种意识。我们可以分析一下当时颁布的法典的内容。《大清新刑律》删除了传统的"八议""官当""请"等少数人阶层的特权制度,而作出了许多近代化的规定,可以说是难能可贵的。如《大清新刑律》规定:"法律无正条者,不论何种行为,不为罪。"从单纯的制度性文本的角度加以考察,则清朝末年的修律其实已有良多高论。当然,这种很具有前沿性和时代性的新规范难以在当时的法律运行中获得实现。法治现代化的问题不是要研究法律本身,而是要研究我们赖以生存的社会,否则就不能深刻认识我们的困惑到底在哪里。

最后,关于礼教派与法理派的争论问题。清朝末年是一个新旧交替的时代,新老思想的交锋在所难免,尤其是在制定新律的过程中这种交锋就显得较为突出。礼教派和法理派的争论可以被概括为几个基本要点,即关于"干名犯义"的存废问题、关于"相奸"的伦理问题、关于"存留养亲"的问题、关于"子孙"违反教令的问题、关于"子孙"能否对尊长施行正当防卫的问题。在这些问题上"礼教派"和"法理派"的各自主张是非常清楚的,其间到底谁掌握了真理却并不好判断。尤其在牵涉价值问题时,若非要问个是非究竟,恐怕也只是徒劳。但总体而言,"法理派"的主张在于给人性更多的自由,如在关于无夫妇女与人通奸的问题上,"法理派"认为这在西洋法律中并没有规定,更没有惩罚,而在传统中国律法中则往往由于与封建纲常相悖要给予严厉的惩罚。法理派认为这种关于"教化""风化"的问题是教育上的事情,在法律中是不可以规定的。当然,"礼教派"不会同意"法理派”的基本观点和主张，劳乃宣提出了自己的反对意见，[1]并进行了论证。关于“礼教派”和“法理派”的争论问题，若要给出个“是”与“非”的判定，则需要在历史发展的角度作出评价。按照时代发展之要求，“法理派”的主张更容易获得历史发展的认同。历史发展已经证明，“礼教派”的主张已被历史所抛弃，“法理派”的主张则不仅成为法律文本的意向，而且在现实实践中已是如此。但问题并非如此简单，将视野放置到整个的争论中，近代法治变革中所谓的先进理念在当代社会却有着不同的看法。在诸如“存留养亲”的问题方面，无论从人道主义的抽象理念去分析，还是从现实的社会实际需求去分析，其合理性都是明显的。一个时代的争论或许会被历史重新提及，但任何时代都不可能为整个历史时段提供永恒的真理。

二、思想与实践：民国的法治探寻

(一)思想上的追求

这个时代的中华民国思想家的思想，无疑具有与近代西方资产阶级思想家某种程度的契合性。他们属于中华民国“意识形态”的思想家，他们在时代的前沿呼应了历史发展的潮流。不管他们抱有怎样的目的，在一定意义上也助推了历史发展的潮流，使中国近代社会在政治法律方面发生了“转型”。中国近代社会处于转型期，而且是一个重大的转型期、根本的转型期。在这个时代，一些思想家们并没有全然抛开中国传统的根基，而是在一定范围内消化吸纳了传统中国的某些合理或可能合理的思想元素，甚至有的思想家更多地承接了传统中国固有的思想文

---

[1] 沈家本先生主持制定的“刑律草案”中并没有规定“和奸”“无夫奸”需要“治罪”的条款，这意味着“法理派”的主张被法典化，这其中自然有权力知识博弈的元素。有研究者在阅读《修正刑律草案说贴》一文和张国华先生及饶鑫贤先生主编的《中国法律思想史纲》的基础上总结了劳乃宣的四个反驳要点：“其一，‘法律与道德教化诚非一事，然实相为表里。’‘无夫奸’是道德教化问题，而道德教化需要法律维护，因此无夫奸必须治罪。其二，法律、礼教、治安是密切相关的。中西方国家由于风俗习惯不同，法律规定亦不同。在西方国家，未婚女子通奸，父母不以为耻；在中国未婚女子通奸，父母翁姑视为奇耻，就会引起争端，妨碍社会治安。其三，‘无夫奸’不治罪会受国人指责，其严重性更重于外国人的指责。最后，中国能否收回治外法权，‘非止刑律一端，更非止刑律中无夫奸罪一端’，实际上与包括国家实力在内的各种因素有关，其中收回治外法权的关键是审判的文明程度，而律文是否相同恰恰是其次的。”参见吴志辉：《清末“礼法之争”的评价与启示》，载《人民论坛》2013年第26期。

化。民国时代的思想家可以说是“中西合璧”了,“中国特色”其实一直是近代中国至今不变的追求。但无论如何,他们思想的总体意向与传统是有着根本性区别的。

孙中山既是一位思想家,又是一位具有远大抱负的政治家。他的政治法治思想总体上体现了一种近代化的意向,[1]但同样糅合了中国传统元素。“三民主义”是孙中山思想的核心。“三民主义”即为“民族主义”“民权主义”“民生主义”。

“民权主义”是“三民主义”的中心议题,也是孙中山思想中“法治近代化”的理论基石。孙中山的“三民主义”从法治的角度看应该是以“民权主义”为基础的。传统中国思想虽然强调了“民”的维度,但却不讲“民权”。孙中山认为,“民权主义”主要就是人人平等,正所谓“同为一族,绝不能以少数人压制多数人。人人有天赋之人权,不能以君主而奴隶臣民”。[2] 这种强调“权利”的法治意向在孙中山的论述中非常明显,而自由平等民主都可以从权利主义的角度进行理解。“国民党之民权主义,于间接民权之外复行直接民权:即为国民者,不但有选举权,且兼有创制、复决、罢官诸权也。”“近世各国所谓民权制度,往往为资产阶级所专有,适成为压迫平民之工具。若国民党之民权主义,则为一般平民所共有,非少数人所得而私也。于此有当知者:国民党之民权主义,与所谓‘天赋人权’者殊科,而唯求所以适合于现在中国革命之需要。盖民国之民权,唯民国之国民乃能享之,必不轻授此权于反对民国之人,使得藉以破坏民国。详言之,则凡真正反对帝国主义之个人及团体,均得享有一切自由及权利。而凡卖国罔民以效忠帝国主义及军阀者,无论其为团体或个人,皆不得享有此等自由及权利。”[3]孙中山的新民权主义自然是增加了一些新的内容的,这其中同时也贯彻了民主的思想理念,选举权即为此例。但他的思想好像“战斗性”高于“学术性”,重在“批判”与“革命”,而不是

[1] 孙中山的主导思想更多地受到了西方文化的影响,尤其是政治学说的影响与塑造。尽管孙中山对中国传统是十分珍视的,同时也将传统的诸多元素糅合到他的理论和实践当中,但他的革命的理论根基还是欧美的多一些。

[2] 孙中山:《总统新年在桂之演说》,载《民国日报》1922 年 2 月 23 日。

[3] 出自孙中山起草的《中国国民党第一次全国代表大会宣言》,可见彼时的国民党是充满理想和追求的。其思想布局既有西方的启蒙渗透,亦受中国固有文化之影响,又以当时之语境为立足点,作为一个党派的宣言是难能可贵的。

要系统地论述民权。即便对民权单纯地加以考察,则其中也只是更多地具有政治的意义,法治的意义好像并不突出。[1] 当然,法治是无法离开政治的,尤其是一种深层次的法治变革则必然是以政治为先导的。那么,我们从孙中山的民权主义中看到他所希冀建立的国家具有“近代化”“民主化”“权利化”的基本倾向,这同时由“五权宪法”的保障。据此,我们可以将孙中山的思想看作近代“民主型法治”的理论形态。

至于“民生主义”,它是“生活化”的思想意向,[2]正所谓平均地权与节制资本之所在,宗旨是为了让人民有好的生活,这应该算是孙中山思想中与中国传统文化相接近的地方。孙中山的“民生主义”更多地与中国传统之爱民思想、保民而王的思想相接近,又与孟子所提出的给民以“恒产”的理念相通。“五权宪法”是孙中山的创造。欧美强调三权分立,三权即立法权、行政权和司法权,而孙中山在三权之外又加两权,即考试权和监察权,这也应该是传统影响之结果。“五权”的融合自然具有“特色化”的取向,即便是受传统影响很深的部分也已经被近代化了。以“五权”为基础自然就是要设立“五院”,“以五院为中央政府:一曰行政院,二曰立法院,三曰司法院,四曰考试院,五曰监察院。宪法制定之后,由各县人民投票选举总统以组织行政院。选举代议士以阻止立法院。其余三院之院长,由总统得立法院之同意而委任之,但不对总统、立法院负责。而五院皆对国民大会负责。各院人员失职,由监察院向国民大会弹劾之;而监察院人员失职,则国民大会自行弹劾、罢黜之。国民大会之职权,专司宪法之修改,及裁判公仆之失职。国民大会及五院职员,与夫全国大小官吏,其资格皆由考试院定之。此五权宪法也”。[3] “五权宪法”的运行机制乃是仿效异域制度而设定,其中也掺杂了一些中国传统政治体制运行的特色。孙中山先生所设计的五权之间的相互制约是少了一些,表面上

〔1〕 孙中山的着眼点当然在于政治。法治与政治本就是很难分离的两个元素,若没有相应的政治前提,则近代化的法治就是不可能形成的,同时若无法治的近代化,则新型政治也是难以实现的。

〔2〕 人们很好将民生与法治相连,因为两者关系密切。民生涉及财产,财产则是重大的宪法和民法问题,若一个国家不能解决财产问题,也就只能是妄谈法治了。同时民生关涉生活本身,于是涉及了法本身的问题,当然也是个法哲学问题。认真梳理民生主义,将其与传统对接加以研究,或许能做出颇具深意的法哲学阐释。

〔3〕 中山大学历史系孙中山研究室编:《孙中山全集》(第7卷),中华书局1985年版,第63~64页。

看好像是国民大会更为重要,但若在实践上则可能国民大会还会流于形式。但无论如何,孙中山的“五权宪法”毕竟是近代化的表征,也可以说是近代思想家较为系统论述宪法的典范性理论形态(意识形态),同时也颇具中国特色。

章太炎也是一位近代中国主张“共和”的思想家。章太炎的思想错综复杂,相比其他的思想家更倾向于从中国传统出发去进行制度设计。章太炎既反对专制,也反对代议制。〔1〕我们知道,欧美法治多以代议制为其基本特色,没有代议制,好像很难谈及西方法治。但章太炎认为,代议制是封建的遗制,并不适合于平等社会的构建,并且坚定地认为代议制不适合中国国情,他认为欧美国家以及日本距离“封建”都比较切近,而中国自秦汉以后是地主制社会,相去“封建”甚远;同时他还认为中国地广人多,绝对不可以实行“代议制”,加之以“议院”并不能代表民意,所以“代议制”实际上在中国是不可能成功的,因此他也反对“代议制”。尽管章太炎反对“代议制”,但他主张建立共和国,而在他的共和设计上则把权力分为四种,即行政、立法、司法以及教育,其间分权思想又颇合欧美近代社会之主张。我们不否定章太炎思想中包含的近代化和西方化的思想倾向,只是他在讲中国法治之建立的时候更注重中国国情。张国华先生在对章太炎的思想进行总结时如是说:“章太炎的整个思想不但内容庞杂,而且所受影响也五花八门。既有中国的、东方的,又有西方的;既尊法,又崇儒;既喜老庄,又重法律。特别是释教和无政府主义思想在他身上有很深的烙印。”〔2〕可见章太炎思想颇多渊源,多有综合性特征。接着张国华又继续论道:“即使在革命时期,他也主张过‘无政府’。他还写过《五无论》,即无政府、无聚落、无人类、无众生、无世界。这一切尽管反映了他对现实的不满,但却充满着消极、悲观和失望。从他在这一时期的法律思想来看,其基本精神是积极的,革命的。而且在当时的资产阶级革命派中,他所代表的主要是中、

〔1〕 参见张国华:《中国法律思想史新编》,北京大学出版社1998年版,第347页。

〔2〕 同上书,第366页。张国华先生的评价中肯恰当。我们可以看到,在近些年对章太炎的研究中呈现了多样化的态势,既有对其道家元素的挖掘,也有对其儒家及法家思想的开发,还有对其西学倾向的把握。参见王晓洁:《从文本到思想——章太炎〈齐物论释〉中的诠释方法》,载《现代哲学》2020年第5期;梅寒:《求真、求通、求用——论章太炎解〈易〉的三种维度》,载《吉林师范大学学报(人文社会科学版)》2021年第6期;宋洪兵:《章太炎的法家观及其政治思想的法家因素》,载《政治学研究》2021年第5期;耿振东:《西学和古谶对章太炎的学术纠缠》,载《东岳论丛》2018年第1期。

下层资产阶级和小私有生产者的利益。"[1]虽然章太炎的思想充满着错综复杂的特质,但我们还是可以把他的思想看作力图引领中国走向发展的进步思想。[2]

就章太炎的思想而论,其所依赖的传统的思想也许更值得我们去认真研究,因为"传统"毕竟也是近代化乃至现代化法治建设的不可或缺的一股力量。[3] 不认真对待传统,也就难以真正把握法治现代化的实践逻辑。由此可见,作为民国时代主导思想的代表人物实际上往往具有综合中西的思想倾向。文化的必然有时是很难自我控制的。当然也会有激进的人士对传统持一种彻底否定的态度,即便是现代社会也不乏其人。只不过忽略了传统的制度设计,可能会更多地遭遇失败而已。

(二)立法实践上的法治追求

辛亥革命开创了一个新的世纪。

中华民国法治近代化的一个重要标志是《中华民国临时约法》的创立。1912年3月11日,孙中山以临时大总统的名义公布了这部宪法性文件,标志着当时中国的进步力量开始在实践上探索一种近代化的法治治国道路。《中华民国临时约法》的总纲共有4条,即中华民国由中华人民组织之;中华民国之主权属于国民全体;中华民国领土为二十二行省、内外蒙古、西藏、青海;中华民国以参议院、临时大总统、国务员、法院行使其统治权。而这四条实际上已经表明了中华民国的性

[1] 张国华:《中国法律思想史新编》,北京大学出版社1998年版,第367页。章太炎代表哪个阶层的利益,我们姑且不论。我们需要认真把握的是章太炎的思想架构中一定包含了对传统的深切体悟,西方近代的诸多民主化主张未必就能契合中国社会,民主制度设计中的诸元素也的确在中国难以操作。无论是章太炎所谈及的代议制,还是我们今天所推崇的民主,其实对传统而言都是难以融合的。我们需要在真正体悟和理解传统的基础上,对诸多西方的文明作出判定。

[2] 章太炎倡导自由与平等,但他的理解又有着自身的特殊性。"章太炎对自由和平等的理解,以民族主义为根基,而以超越民族主义为归宿。"参见亓同惠:《论章太炎理解的平等和自由》,载《西南政法大学学报》2020年第4期。

[3] 章太炎曾提出传统中国的"良法美俗"之八条:除了早婚和纳妾外,中国的婚姻制度可以依旧;除了死后继嗣要禁止之外,中国的家族制度也要依旧;可以继承中国没有专一宗教的传统,且允许信仰自由;禁止中国人在国境内加入外国国籍;选举权不能依照财产和纳税金额确定,而要以文化为标准;要统一语言,不能使用拼音;禁止任何赌博;公众场所禁止男女接吻、跳舞,当以维持社会风尚。"中国本因旧之国,非新辟之国,其良法美俗,应保存者则存留之,不能事事更张也。"参见章太炎:《在中华民国联合会成立大会上之演讲》。转引自张念驰编订:《章太炎演讲集》,上海人民出版社2011年版,第114页。另外相关评述,参见张国华:《中国法律思想史新编》,北京大学出版社1998年版,第366页。

质以及国家机构的设置原则。从这里可以看出，设计者是要把中华民国建立为近代民主国，这是“主权在民”的思想在宪法性文件中的自然表达。这既否定了中国社会延续了两千多年的帝制传统，也否定了要在中国搞“君主立宪”的政治谋划，而是以“民主主义”的政治和法治理念加以规划。这个政权要想很好地保障自身权力机制的良好运行，就要实行具有权力分立思想倾向的基本原则，并且也已经有了相互制衡的倾向。但就其制衡的机制而言尚且不成熟，如在法院的相关规定中，仅仅谈到了法官可以由行政首长加以任命，但并没有谈及法院对于行政机构所拥有的制衡性权力，更谈不上司法审查。其间虽然谈到了法官审判不受上级官厅干涉，但若没有制衡性的权力运行机制，恐怕独立审判也只能是一句空话。而在法院和议会之间，则无非是谈到了法院要依照法律进行审判，这可以看作立法机构对法院的一种制约，而至于法院对立法机构的制衡则并没有涉及。这就是说，《中华民国临时约法》虽然总体上是一部好的法典，其革命意志及其近代化、民主化的倾向也都十分明确，但毕竟还不是一部具有“完整性”的宪法。近代化的河口已经打开，但其文本尚有许多地方有待完善。

这部宪法性文件中还包含了诸多关于公民自由权利的规范，的确具有浓厚的现代性色彩，对于中国政治社会具有重要的启蒙价值。尽管这个文本中的自由权利难以在当时的中国获得完满地实现，但其所包含的精神价值是启蒙运动以来人类社会所追求的价值理念，这些精神会随着时代的发展更加深入人心。这种精神体现了“人的尊严”的伟大。现代性法治的人学基点就是对“人的尊重”，也许彼时的人们并没有从“人作为人”的规定性的意义上把握《中华民国临时约法》所具有的内在精神。

中国法治发展的近代化在清末修律中已经开启，而在中华民国所推进的法治探索中正待“开花结果”，却不料政权更迭，中国进入了一个“军阀混战”的多事之秋。当然，尽管这个时代有许多问题及虚假的法治化元素，但在某些方面为后世民主法治建设提供了宝贵的经验教训。本指望孙中山之广州武汉革命政府继续“临时约法”的使命，然而政权终究落入了蒋介石的手里，对自由民主的压制成为一种常态；南京政府虽然也会打出民主的旗号，但在宪制上却没有实际的建树；虽然它也炮制过宪法，但并无实际价值，亦难说诚心诚意。在中国法治之近代化的发展路径中，我们从南京政府的法治行动中真正可以获得一丝慰藉的还是“六法全书”的历史价值，这可以被看作在具体的法律制度方面最具有近代化法治价值的法律文本了。从历史学的连续性上讲，它是清末修律的延续和发展。

南京国民政府的“六法全书”具有近代化法治的特质。以“民法典”为例，《中华民国民法典》同欧洲相关法典一样采取了对于“私有财产”的保护制度、设定了契约自由等重要的现代性法治原则，这都是现代法治精神的一种表达。但毕竟国民政府在制定民法典的时候，欧美单纯个人本位的个人主义原则已经受到了质疑和挑战，对于社会公共价值的强调在欧美已经获得了更多人的认同，加之受中国传统力量的影响，使得南京国民政府制定的民法典在一开始就已经不是近代自由资本主义时期的民法典风格了，而是具有了20世纪的思想烙印，同时也体现了传统中国法律文化的形塑力。[1] 南京政府的《中华民国民法典》有着这样的规定：“权利之行使，不得违反公共利益，或以损害他人为主要目的。行使权利，履行义务，应依诚实及信用方法。”“为保护自己权利，对于他人之自由或财产施以拘束、押收或毁损者，不负损害赔偿之责。但以不及受法院或其他有关机关援助，并非于其时为之，则请求权不得实行或其实行显有困难者为限。”“土地所有权，除法令有限制外，于其行使有利益之范围内，及于土地之上下。如他人之干涉，无碍其所有权之行使者，不得排除之。”“土地所有人开掘土地或为建筑时，不得因此使邻地之地基动摇或发生危险，或使邻地之工作物受其损害。”《中华民国民法典》的设定与早期资本主义的“绝对自由和私权”的设定有一定的区别，社会公共利益的限制获得了加强。而在“契约自由”的限制方面也是如此，诸如以“诚实信用”的方法约束“契约自由”即可为将他人和社会利益看作约束个人纯粹自由的一种手段。

无论是“契约自由”还是“所有权”的保护，在南京国民政府的《中华民国民法

[1] 在根本上讲，当时的民法典尽管受到了传统文化的构造，但还是在强调个人权利，这一点是前提性的。这就像说20世纪的西方法律文化具有社会本位的特质是一样的道理，无论如何考量社会，20世纪的西方法文化依然是个体本位的。当然，我有时觉得个体本位或社会本位这样的概念是两极思维的产物，也许我们本不该这样去考虑问题。

典》中都受到了一定的限制，这种限制克服了单一化的个人主义维度的弊端，对于法律的发展具有重要意义。[1] 欧洲启蒙运动所开创的法治在其发展过程中意识到了自我限制的意义，而中国古典社会的法律在本质上早就有了类似的社会化强调。正如学界所论，中国法律文化乃是“集体本位”的法律文化，而西方法律文化则是“个人本位”的文化，社会发展到20世纪人们已经认识到个人与社会的结合才是谋求法治发展的重要路径。而在这个意义上国民政府《中华民国民法典》的思想理念可以说站在了世界的前沿，又同时具有中国本土化的特质。但无论如何去加以评判，我们都能够看到此时的民法在总体上已经是近代化或现代化的法典了。[2]

三、改革开放后中国法治发展道路

改革开放之后，中国法治发展翻开了崭新的一页。无论从思想观念上，还是从制度谋划上都获得了长足的发展。从理论上看，这个时代的开端依然是阶级斗争的国家法理论占据主导位置，但随着社会经济政治的发展，权利的观念开始深入人心，于是权利法学或者说权利本位就占据了中国法学界的主导地位。这当然具有一种重要的启蒙价值。权利法学契合了中国20世纪80年代以来的实践要求，是中国的法治实践的必然表达。我们从这种理论中看到了人的自主性意识的觉醒，独立的个人成为这个时期法学界所要探讨的主要意向。但是这种理论无形中所导致的一种实践结果就是法律的构造论，[3]即在这种理论的指导之下构造

[1] 当然，这并不是说20世纪以后的欧美与启蒙时代就发生了根本变化，“社会”利益和视角的强化并不意味着替代了个人本位。欧美政治哲学的自由架构自始至终都是“个人主义”的，欧美社会从没有真正出现过所谓的“社会本位”，但其“个人主义”的发展逻辑却导致了对整体社会的关怀，而同时又落实在了个人的基点上。

[2] 在此经常使用的“近代化”和“现代化”概念，在经济发展类型上或许是有较为明显的区别的，但在笔者所强调的理念的意义上没有本质区别，现代化正是近代化的延续和发展及深化。而本书中经常出现的现代性，则正是由近代西方启蒙运动所开创的一种事业，现代社会依然处于启蒙所开创的现代性工程的实践当中。

[3] 当然，这种“构造主义”的法治进路在清末修律的时候就已经如此，民国的法治大致也是采取了“构造论”的法治发展道路，这是一个后法治发展过程难以避免的“法治模式”。“构造论”以立法创制的“成文法”为依托，便于操作，这或许是选择“构造论”发展模式的重要原因。这一点在后续评论中会展开论述。

一套合乎权利本位要求的法律体系,而将整个法律体系在社会中加以推行。也许理论主张者并没有明确地论证法律体系的构造,但理论往往也会造成意想不到的结果。在走向实践的过程中,这种以国家法的制定为中心的知识理论范式在实践中却遇到了困惑。这正是法律本土化理论产生的契机,于是有人提出了注重本土资源的法律理论主张,这个主张从实践论的角度来说是合理的。它将现实的中国语境看作我们理解和把握问题的重要出发点,应该说是洞悉了理论与实践的内在契合性。但这种理论仍然存在不足或缺憾,也就是说它在本质上仍然不是对于实践的融入,它不是从法律生活乃至整个中国的实践生活的内部去看待法律的发展变化以及中国法治的进程的。所以这种理论对于中国的实践而言依然是外在论的,而不是内在论的。真正的理论应该构成实践的一个环节,它自身就存在于实践之中,从而成为实践的一个基本方面。理论只有消解自身,才能真正成为实践的一个环节,生成与实践一体化的"实践智慧"的状态。"实践智慧"既是理论的,也是实践的,它是一种能够克服理论和实践对立的融合式思维方式和实践模式。

在法治建设过程中,国家制定了大量的法律。应该说,在短短40年的时间里,中国已经建设完成了社会主义法律体系的架构。这个法律体系在价值上也颇具时代性,在文本世界中鲜明地体现了自由、平等、正义等社会主义核心价值理念,如宪法中对自由权利的强化;民法中则更是体现了一种私法所固有的自由精神;而在刑法体系中,也表达了对人本身的尊重,"罪刑法定"的确立正是体现了现代社会对人的尊严的尊重。仅就文本本身而言,中国当下的法律体系已经是比较完善的了,与国际社会的其他国家相比也不示弱。

四、百年中国法治发展道路的理论判定

百年中国法治发展道路充满了苦涩的奋斗,也充斥了斗争的艰辛,同时也有局部胜利的喜悦。对于一百年的历史,我们是很难评价的,尤其是这一百年距离我们如此切近。因此,评价的主观性是在所难免的。

其一,百年中国法治发展道路总体上采取的是一种构造主义的法治模式。清政府在退出历史舞台之前匆忙修律,南京政府制定六法全书体系,中国特色社会主义法律体系的形成,这便是中国法治发展的主导模式。它是由国家主导的法治

发展模式，是一种自上而下的法治基本进路。国家主导型法治道路，是一种理性主义的发展模式。按照这样的思想逻辑，人类是理性的，而人类的理性往往是充分的，人类理性可以制定出完满的法典，从法典出发规范社会和改造社会，让社会按照法典的模式发生改变，符合理性的法治逻辑。

其二，百年中国法治发展道路的异域经验。尽管清末修律表达了浓厚的传统情结，其法律保守主义的特点也是鲜明的。民国法治发展也有诸多传统元素。但从总体上讲，中国近现代法治的发展道路充满了对于欧洲的向往情怀。一个是科学技术及其成效。与这种现象相关联的是科学主义和理性主义的精神，这种精神参与构造了中国近现代对法治探寻的基本路径。近现代法治是以科学理性为主导的，但是沉浸在近现代法治探寻中的人们并没有认真地反思科学与理性，科学主义和理性主义的法治观会让人急功近利，也会让人在对待法治问题上产生一种构造主义的观念。另一个是欧美自由主义学说及其法律实践。自由主义在启蒙时代成了气候，它张扬人的个性，追求自由、平等、民主、人权、私有财产等基本价值。直到今天，在中国法治探寻中依然充满了各种相关的表达。无论权利本位启迪价值如何，在根本上都受到了上述影响。这种学说宣扬人的自我意识的觉醒和权利观念的勃发，各种形态的言说都在鼓励维护自我利益，在强调维护自我权利。从根本上讲法治是一种责任之治。法治启蒙并不是鼓动人民去“打官司”，实际中的权利意识往往演化为个人利己主义，这与法治的精神理念并不协调。法治启蒙应该是让人们的心智日益趋于成熟，在自由行动与自由行动之间寻求恰当的平衡。当然，启蒙依然应该强调人的尊严，而心智的成熟则意味着一种独立性，这恰是现代法治所需要的美德。“启蒙运动就是人类脱离自己所加之于自己的不成熟状态。不成熟状态就是不经别人的引导，就对运用自己的理智无能为力。当其原因不在于缺乏理智，而在于不经别人的引导就缺乏勇气和决心加以运用时，那么这种不成熟状态就是自己所加之于自己的了。”〔1〕这要求我们运用“自己的理智”。

其三，实践本体：中国法治探寻的哲学观。如果抛开中体西用和西体中用的

〔1〕康德：《历史理性批判文集》，何兆武译，商务印书馆1990年版，第22页。

思维惯性,那么当下中国法治的发展应该是以当下中国的实践为本体的,这叫作实践本体。无论是中国传统还是异域文明,都要在实践这个“体”中按照实践的逻辑获得自身的价值。以当下的实践为“体”,这是一种更为符合事物本性的思想观念,它没有什么想当然的成分。在实践活动中,主观与客观、必然与偶然、传统与现代、东方与西方、传承与改造、能动与被动、个体与社群,它们都处在实践逻辑的检验当中。实践的逻辑充满了复杂性,多元素交互作用的结果与人们的期待也许相距甚远,又或者一个偶然的机遇就可以赋予传统巨大的力量,实践逻辑的复杂性决定了法治发展的复杂性。我们难以用单一的尺度对法治的运行机理进行主观的把握和评判。此处的立场是一种实践本体的法治发展观。但我们对于它的认知却不可能一蹴而就,我们也不可能形成一种关于法治发展观的完美图景,人的认知能力往往是有限的。

五、何去何从:中国法治探寻

中国法治经历了一百多年的探索与发展,其间既有困惑与磨难,也有惊喜与收获。无论是成功的喜悦,还是磨难的困苦,都令人难以忘怀。但是,中国法治实践到底会往哪个方向走,理论所预言的未必就一定会变成现实。无论我们如何对中国法治发展的类型学方向进行论证,最后的法治发展结果都不是我们所能想象的。社会的发展是众多的合力综合作用的一种结果,法治的发展并不会像文本主义所主张的那样按照理论预设完成法治的目标,也不会如本土论者所主张的那样单纯地从自身出发构造法治的结果。多元性、主体间性、合作性力量,只有这些才是理解发展的可能性思路。

中国法治的发展可谓饱经沧桑与苦难。中国现代性法治的发展不是在主动性的前提下激发的,而是被动的产物。近代中国列强入侵,我们在科学技术上“打不过”西洋人。当我们将一种异域文化转化为现实中国的知识图景,并且进行一种法治的改造之时,必然就会出现一种文本化的、推动型的法治进路。这种进路充满着理想主义的色彩,也浸透着理性主义的精神,是典型的现代主义。观念的变化是文本变化的前提。按照历史唯物主义的哲思,无论是观念的变化还是文本的变化都必须以社会存在为基础。在近代中国,人们的确产生了变法的新观念,但这种新观念却仅仅停留在个别人身上,至于中国的社会民众并没有什么变法的观念。当新观念被个别人掌握了之后,他们就力图改造中国,使中国实现与某种异域法治接轨。这只能是一种文本化的法治发展进路。

如果是在一个小的国度,由观念变化所导致的文本型法治进路也许可以取得重大的成功。但对于中国这样“地大物博、人口众多”,同时又有着如此深厚的传统力量的国家而言,文本的对象化并不能取得明显的效果。近代中国的法律文化和所谓先进的法观念并没有获得良好的对象化效果,一旦所谓先进的法观念遇到现实的中国国情时其遭遇的只能是人们的困惑与不解。中国传统的民间力量过于强大,习惯、风俗、人情都是阻止异域法观念在中国传播的抵制性因素。今天的“社会存在”的确已经不是过去时代的那个“社会存在”了,它是一种具有民主因素、自主性基石的“社会存在”,这样的“社会存在”使本身与传统相脱节的法律文本具有了强大的现实生命力,获得了对象化的良好机遇。一些专家总是站在一种现代性法治的立场要求中国的法律实践者。例如,要求中国法官注重程序理性,其实相比而言还是中国法官更了解国情,中国是“实用理性”的民族文化,如果用“纯粹理性”的那一套要求司法机关,又怎么可能取得良好的效果呢?专家们虽然心意良好,但终究难以把握中国之实际。站在一个远离中国的立场对中国进行批判是对中国法治的不负责任,也是对中国人的不负责任,更是对中华民族的不负责任。

观念的深层次的变革才是今天中国发展现代法治的出路所在,但观念的深层次变革需要以显性的社会变迁为其存在的基础,也可以说观念的深层次的变革与现实的社会变革是相辅相成的。“路漫漫其修远兮,吾将上下而求索!”我们需要切实的行动。

第二节 传统与现代性法治

中国是一个拥有着漫长的历史文化传统、人口众多、地域广阔的国家。我们已经明确建设社会主义法治国家的基本任务,但在法治理论建设方面还有待深化。

当下中国的生活实践是现代性法治谋划的基本语境。在这个语境中现代性法治受到了传统的影响,现代性法治与传统的纠结成为中国法治建设必须认真考量的一个重要问题。在中国法治实践中,传统与现代性法治之间呈现出了交互作用的复杂关系。如何把握这种复杂关系并在此基础上进行法治谋划,进而提出一种契合于法治实践特质的法治行动原理,是学术界必须解决的重大理论问题。同时这一问题的解决不仅会在人们的内心确立一种合理的观念,而且也会对现实的法治实践活动产生强大的形塑力。这里首先涉及的就是解决问题的基本立场,以往的构造论立场在法治谋划中对传统采取了一种轻蔑的态度和主观的立场。而我们主张一种实践论的立场,这是一种能够真正正视传统与现代性法治复杂关系的理论维度,并能在此基础上架构真正属于中国自身的法治理论。

传统不是仅仅存在于过去的历史文本,而是一种流动的文化;它从历史上传到现在依然在控制着人们的思维方式和行为方式,并在当下中国法治实践中发挥着重要的作用。现代性法治谋划必须正视传统,中国实践语境中的任何法治谋划都不能逃离传统的基本维度,传统在现代性法治的建构过程中发挥着不可替代的作用,传统是法治实践中的内在元素。人们习惯于将传统分为精华与糟粕,但不管是精华还是糟粕,都是现代性法治谋划的传统语境。传统会以一种自然而然的方式作用于现代性法治,其间既有积极的塑造,也有消极的遮蔽;但法治谋划者依然可以在传统与现代性法治的交互作用中采取一种积极的立场,通过实践合理性的判别与论证,在法治行动中实现传统与现代性法治的逐步整合。

传统与现代性法治在当下中国法治实践中的纠结是一种必然的现象,而走向整合也是法治实践的内在逻辑要求。传统与现代性法治的整合是在法治实践中发生的,它既是一个自然的过程,同时也渗透了实践主体的意向性。在法治实践中,传统与现代性法治之间既存在融合与协调的关系,又存在博弈与较量的方面,这是一种实践的逻辑。法治实践有着自身的规律,但它并不是单纯的必然性发展过程,其间充满了偶然性、断裂性、任意性。传统作为一种力量恰恰存在于这样的实践语境当中,并携手偶然性等多种元素构造着中国法治实践的基本风貌。当下中国的法治谋划同样要认真对待实践语境中的多种元素对于法治的意义,偶然性作为实践运行机制中的重要元素在法治实践中扮演着重要的角色,善待偶然性是法治实践逻辑的内在要求。法治思维的实践转向体现了辩证法的实践智慧，这是架构中国法治实践学派法治理论的重要维度。

一、中国法治实践：现代性法治与传统

当我们去把握现代性的时候，会更多地将科学、技术和理性等与现代性很自然地联想到一起，人们通过科学与理性的强大透视到了人的主体性力量，同时也经历了现代性扩张给人类造成的困惑，但人们依然无法摆脱现代性，现代性依然是一种"未竟的工程"。[1]

对于一般意义上的现代性，也就是以科学和理性为基石的现代性，中国人通常很容易接受，并且也在这两个领域展示了自身卓越的才能，主体性的扩张显示了中国人强大的现代性能量。我们可以说，科学与理性领域的现代性是不需要传统的，中国人在思想、文化、心理等诸多领域的传统对于科学的现代性而言根本就不是一种抑制的力量，传统丝毫没有表现出与以科学为导向的现代性的对峙，这种导向的现代性仿佛与传统是无涉的。即便是传统中那些颇有几分抑制现代性的元素，在科学的"现代性"面前并没有显示自身强大的魅力。当有人从历史典籍中搬出"天人合一"的话语体系并力图说服人们改变现代性扩张给人类造成的灾难的时候，无论是国家还是社会，也无论是知识精英还是普通民众，都对此漠然视之，于是现代性依然彰显自身的对象化力量。以科学为基础的现代性本身或许并不需要传统，我们的传统也并没有真正能够限制现代性扩张的元素，所谓传统中国的生态观或许仅仅是话语体系中的生态观，却并没有植根于人们的文化心理结构当中，而没有扎根于人们之心理结构的知识其实很难说是一种真正的传统。倒是流动着的实用理性文化作为一种传统，携手现代性在当代中国进行了一场利益的角逐，在这个意义上科学之现代性在中国的发展是需要传统的，但这种传统并不能让现代社会的生活实践真正走向合理化。

---

〔1〕 关于现代性作为"未竟的工程"的学术探讨，在国际学术界哈贝马斯可以说是最为著名的思想代表。国内学术界在研究哈贝马斯思想的时候，也都触及这个问题。参见杨芳：《现代性是一项未竟的事业》，载《贵州大学学报(社会科学版)》2006年第6期；赵敦华：《现代性是一项未竟的谋划》，载《中国社会科学报》2013年10月21日，第6版。

尽管科学主义和理性主义的现代性对于中国人而言很容易接受,但以现代性价值体系为基石的现代性法治却与中国传统发生了冲突,其间的紧张关系久久难以消除。在传统中国的诸多学术谱系中,尽管道家的自由令人神往,儒家的自由让人充满了道德神圣感,但无论是道家的自由还是儒家的自由都不是近代启蒙精神意义上的自由。近代启蒙的自由所揭示的是作为人的尊严意义上的自由,是人之所以为人的自由,它具有深刻的政治哲学的思想根基。

在中国必须要发展出一种糅合了传统元素的现代性法治,决不能按照西方的套路发展中国的法治。从近代中国就已经开始了民主型法治(现代性法治)的探索,但即使到了今天实质意义上的现代性法治在中国依然没有获得全面的对象化效果。这是一个值得我们深思的问题。然而,我们既然确立了在中国推进现代性法治的使命,那么现代性法治就不得不需要传统,因为它不可能离开传统。即便从现代性自身而言不需要任何传统,它在现实的生长中也会面对传统的影响,最后现代性法治发展的空间延展都可能是由传统说了算的。[1] 当然,这并不是要排除主体性的强大形塑力,现代性在一定程度上依然是可以构造的,但其构造的过程中也必然会遭遇多样化的传统,于是传统与现代性法治之间就免不了相互纠结、磨合,或许最后能够形成一种中国特色的法治类型,它既具有现代性法治的特质,又具有传统的中国元素,同时还有当今中国主体构造者加之于法治建设的诸多元素和色彩。这里的根基不是任何人的空洞设想,在本质上是由实践所决定的。实践乃是塑造中国法治类型的根本前提。

二、精华与糟粕:现代性法治的传统语境

任何时代的人们都是有立场的。尽管有人可以打出无立场的旗帜,但由于个体"前见"和集体"前见"的不可规避的特质,决定了我们总是从自己的立场出发去评价世界的万事万物,并拿出一个取舍的标准。现代中国人在分析历史的时候,总是习惯于将历史上的文化分为"精华"与"糟粕",虽然人们对"精华"与"糟粕"

〔1〕 邱本教授等也强调了传统对当代中国法治发展道路的影响和塑造,应该说是非常深刻的见地。参见邱本、徐博峰:《中国法治发展道路与中国法治实践学派》,载《浙江大学学报(人文社会科学版)》2013 年第 5 期。

的划分标准和取舍有不同的意见,但总是会采取这样的二元化的思维对待我们的历史文化。"精华"与"糟粕"的区分就如同日常生活中"好"与"坏"的区分,这是一种两极对立的思维方式。[1] 面对一个对象世界,主体就要对其进行好与坏的分类,但很多时候我们对象世界中的诸多元素是不能用好与坏的标准加以衡量的,并且好与坏也总是在不断变化,现在你认为是好的东西可能随着时间的推移会变为坏的东西,这就如同一个好人会变成一个坏人是一样的道理。"精华"与"糟粕"其实也面临着这样的问题,每个时代的构建者对历史之"精华"与"糟粕"的评价都是不同的。在过去我们曾经大肆地批判孔子,但今天无论是民间还是学术界,都在"认真对待孔子"。实践的变化已经改变了人们的观念,创造了一种新的知识系统,新的知识系统在对待历史文化的时候与旧有的知识系统有着本质的区别。这里依然是一种实践论的立场,实践论的立场是一种务实求真的立场,其本身充满着实践合理性的卓越价值。

面对传统,我们习惯于划分出"精华"与"糟粕",而一旦划分出"精华"与"糟粕"之后,则我们往往会表达出一种倾向,即继承可以被称为"精华"的优秀历史文化,抛弃被称为"糟粕"的历史文化。这一断言的出发点固然是好的,表达了现代人对于美好的善的追求,但这是一种设想中的美好,实际的历史传承并没有那么简单,历史的延续与发展并不是历史中的个体通过自己的想象力构造的结果,无论是"精华"还是"糟粕",都可能作为一种传统在今天的社会实践中发挥其作用,

---

〔1〕 学术界对两极思维的批判真正体现了辩证法思维的中介思维的倡导,有着非常重要的理论深度。"由于唯物论和旧唯心论从自在和自为这两极去理解人与世界的关系,所以它们陷入非此即彼的形而上学的思维方式,并成为抽象对立、互不相容的哲学理论。现代哲学在扬弃传统哲学的两极对立的过程中,其视角则愈来愈聚焦在沟通两极的中介环节上,使实践哲学、科学哲学、文化哲学、意义哲学等成为现代哲学的多元形态;而透视现代哲学多元形态的深层统一性,就会发现,其实质都是以人类的社会存在(或其中的某个特征部分几方面、环节)为本体的。可以说,整个现代哲学的产生和发展,都是以马克思的实践辩证法理论所实现的伟大哲学革命为实质内容和根本方向的,而不管现代哲学的其他流派是否自觉到或是承认这一点。"参见孙正聿:《从两极到中介——现代哲学的革命》,载《哲学研究》1988 年第 8 期。"我们生活于其中的世界是不断地发展变化着的,要使我们的理论能够正确、合理地指导实践,就必须不断创新它以适应于这种变化。所谓理论创新,就是以新的观念恰如其分地把握事物的本质。但事物并不是直接地呈现其本质的,要恰如其分地把握事物,就必须通过辩证的方法。辩证法作为一种能够全面地把握事物的方法,其实质就是通过概念的从'两极到中介'的辩证运动来全面地把握事物。"参见王南湜:《从两极到中介:理论创新的辩证法》,载《光明日报》2009 年 6 月 9 日,理论周刊。

从而展示自身的历史存在价值。我们都知道传统中国的“人情化”元素对现代性发展有影响,可以说对于法治而言是一种“糟粕”,于是我们想了很多办法去消除法治化中的人情元素,可是终究还是无法战胜“人情化”的影响,众多的法律人依然承受着人情的苦恼。“精华”与“糟粕”的判定未必是有问题的,但判定之后的行动措施往往并不能真正地承继“精华”且抛弃“糟粕”,一厢情愿的学术选择并不就是历史的选择。无论好坏,现代性法治都存在于由中国历史发展到今天所生成的传统当中,这个传统就是今天现代性法治的存在语境。

现代性法治所存在于其中的传统,不是由历史的文本所构造的话语体系,更不是今天许多人所宣讲的传统,而是一种实实在在的历史存在,是从过去传到今天依然还控制着人们的思维方式和行为方式的那些东西,因此传统是一种流动的形态,而不是静止的文本。我们过去习惯于将历史上的一切事物都归结为传统,这样历史与传统就成为一个具有同样含义的概念。历史上的很多元素都不能传到当下,当下的存在也不是会受到历史上所有元素的影响。过去有学者将传统分为“大传统”和“小传统”,但这样的区分中并没有对“传统”做动态流动的理解和把握。“大传统”中固然有延续至今的元素,“小传统”中同样也有流动的元素,而同时无论是“大传统”还是“小传统”中都有不曾流传至今的历史元素。历史并不当然地就是“传统”。“传统”中那些观念、思维、价值等都在影响和构造当代人的思想方式和行动方式。传统是实际的历史存在和现实存在,决不是一种不再发挥作用的历史文献,这是我们分析和把握传统的理念前提。传统是流动的,它构成了我们生活的基本前提,自然也就构成了现代性法治建设存在的基本语境。

在传统中,有的元素可以被称为合理的传统,现在依然存在于人们的观念当中,并且在法律的实际运行中发挥作用。如“贤人之治”乃是普通民众心中的期待,“贤人”的在场推动了法治的进程;[1]如法律的道德化意向在诸多司法判决中都有所映现。即便在法律文本中没有明确的规范,法官们也会根据实质性推理的必要使个案的解决具有良好的道德合理性;有的元素大体上可以被看作消极的传

〔1〕“贤人之治”决非人们所批评的“人治”。中国法治实践学派强调“贤人”的法治推动作用,“贤人”是实践的逻辑中的有机组成部分。一个卓越的领导者对法治的意义远胜过法律文本的构建,这是当下中国法治实践的事实。用“人治”的标签诋毁“贤人之治”是对传统的不尊重。

统,但它同样存在于人们的头脑当中,并在诸多领域融入法律操作机制,如传统的权力中心和行政化思维就融入了现代法治的诸多操作环节,[1]表现出与现代性法治关系的紧张和冲突。这样的传统元素存在于诸多规范和机制运行当中,我们通常所讲的司法解释即是权力中心和行政化思维的某种体现,这样的传统构成了对现代性法治发展的抑制;有的元素也可以被看作合理的传统,但它仅仅存在于人们的观念世界,具有观念上的合理性,但具体的法律制度及规范却并没有对此给出一个明确的说法,如"亲亲得相首匿"的传统就具有良好的观念依赖,并且其本身也具有道德合理性,但现实的规则设计却对此持有一种不大明朗的态度,不过已经出现了某种意义上的认同。

传统是人们存在的家园,无论传统的好坏优劣,它都可能对人们的现实生活和法律运行产生各种各样的作用。甚至我们可以作出这样的判断,不管人们有着怎样的主观愿望力图让好的传统发挥作用,而不让坏的传统发挥作用,坏的传统依然会发挥作用,甚至坏的传统发挥作用的方式要多于好的传统发挥作用的方式,同时坏的传统所触及的时空也要比好的传统更加广泛且深远。传统在现代性法治追求中的作用自然也是多元的,而不是单一的,好的传统与坏的传统都会对现代性法治产生一种构造的作用。主观上拒绝坏的传统的想法是好的,但这要拿出一种切实的方略,坏的传统并非不可能消除,但一定是一个漫长的过程,在这个过程中主体性的介入与构造是必然的,但其作用的大小是无法主观强求的。既然我们已经踏上了追寻现代性法治的道路,那就应该义无反顾且百折不挠,但其间一定要认真对待传统,在行动中寻求最为合理的方略,以增强现代性法治进程的合理化。

三、传统如何发挥作用

传统是一种历史在当代生活世界的实存,没有任何人可以拒绝传统发挥作用,这里的关键问题是如何理解传统的作用。传统到底是怎样发挥作用的,这是

---

[1] 这种权力中心和行政化的思维方式与法家的法治理论之间是有理论上的内在关系的,另外包括当代中国法条主义的盛行也都与法家有着一定的关联性。参见武建敏:《法家法治类型的理论诠释——兼及当代中国法治的法家元素》,载《西部法学评论》2015 年第 1 期。

一个我们必须认识清楚的问题。同时还需要认真把握的一个问题就是传统是否可以被现代人主观设定,由现代人决定传统发挥作用的方式,若是这样做是否能够切实地达到其所要追求的目的。今天的人们已经习惯于从自己的主观架构去思考传统的问题,动辄将自己的主观愿望加之于传统的现代设定当中,总是人为地对传统进行取舍,很少重视传统本身的作用方式,这自然就牵涉可行性问题。实践不是单纯的理性运演过程,它同时充满着复杂性、偶然性、多样性、断裂性、片段性,传统正是在这样的实践语境中发挥作用的,人运用传统的主动性和受动性是同时存在的。[1]

首先,传统会以一种自然而然的方式对现代性法治的追寻过程发生影响,其间自然既有积极的影响与塑造,也有消极的解构和遮蔽。

传统法律文化中有很多积极的元素,即便在今天也依然存在于人们的思维结构和文化心理世界当中,这样的元素自然就会对现代性法治发挥积极的促进作用。中国古代社会的法律体现了浓厚的道德化意向,无论是在立法活动还是在司法活动当中都是如此,道德法律化与法律道德化可以说是中国法律文化的一个基本特质。以古代中国社会的司法判决为例,我们可以看到法官在判词中表达的道德化意向十分明显,正是这种道德化意向使古代判词体现了一种道德合理性的价值。这就是一种传统,是一种历史连续的习惯,传统中国的法官本就生活在一个价值世界当中,其从小所接受的教育以及在应试考试中的儒学训练,都有利于他们形成内心中的道德世界,久而久之道德合理化的追求便成为人们心理活动的习惯以及行为的习性。这种道德化意向在总体上是好的传统,它能够让一个司法案件深深植根于现实生活的土壤当中,与生活世界中人们的价值观念保持良好的契合性。这不仅是古人的习惯,而且也是现代人的习惯,现代中国的法官会在一些

〔1〕 实践论必然意味着语境论,从实践论立场出发将传统看作实践的构成部分,则传统发挥作用的方式往往会表现出语境化的特征,语境化的作用方式要比理性化的作用方式远为复杂。

案件中播撒道德的智慧，通过道德的介入使司法判决的合理性得以提升。[1] 这是一种有益的道德化传统，但在今天的司法过程中运用得依然不够充分，很多法官虽然内心世界很希望运用道德化的论证为一个案件的结论寻求合理性，却往往在道德论证面前停步不前，这是一种未曾展开的传统，但总体上是一种有益的传统。在这种情况下，传统发挥作用的方式还不是一种“自由自觉”的创造性活动，而仅仅是一种自发的运行方式，其合理性往往被局限在一个狭小的范围当中，不能充分展现自身的本质力量。

还有的传统会对现代性法治产生一种消极的作用，这个消极影响的扩展也是一个自发的过程。中国法律文化中有一种“实用主义”的倾向，[2] 不讲求程序正当性，多考虑结果而不重视过程。这是根深蒂固的传统，传统中国如此，现代社会还是如此，这一传统的影响力不仅作用于人们的头脑世界，还渗透到了人们的行为方式当中。有的办案人员缺乏程序合理性的观念，以庸俗的实用主义为办案的指导原则，于是冤假错案的产生也就在所难免，甚至在一些情况下有人利用程序合理性之匮乏的状况人为地制造冤假错案，败坏了司法公信力。我们不能否认，在有些情况下通过非正当程序的行为可以获得案件的真相，但在很多情况下这个实质性的目的是无法达到的。这样的传统的影响是自发的，是人们头脑中的观念自然而然地对象化展现。与缺乏程序合理性的观念相似的传统还有很多，我们之所以难以逃离，就是因为它们以一种潜移默化的作用方式构造了我们的头脑。于是好像只有向传统投降。然而，人毕竟是人，人的魅力就在于在认识清楚了传统的作用方式之后，能够谋划出一种新的方略，最大限度地消除传统的副作用，使现

[1] 这种道德化传统自然是儒家文化塑造人们心灵的结果，李泽厚在谈及孔学的时候关于儒学塑造心灵的问题论证得很是透彻。“孔子通由仁而开始塑造一个文化心理结构体，如说得耸人听闻一点，也就是在制造中国人的心灵。所以我才说，孔学（或儒学）半是宗教，半是哲学。因为它虽然没有人格神的上帝，但在塑造、形成、影响中国人的心灵上，与基督教在西方社会并不相上下。而儒学之所以不是某种抽象的哲学理论、学说、思想，其要点之一正在于它把思想直接诉诸情感，把某些基本理由、理论，建立在情感心理的根基上，总要求理知与情感的交融，至今中国人仍然爱说‘合乎情理’‘合情合理’，便是它的表现。”参见李泽厚：《论语今读》，安徽文艺出版社 1998 年版，第 30 ~ 31 页。心灵的塑造乃是一种内化的过程，这才是真正意义上的传统，因此在塑造中国人的传统方面儒家可以说是功不可没。

[2] 尽管从中性的意义上可以按照李泽厚的观点将中国文化概括为“实用理性”，但毫无疑问在实际的文化运行过程中往往会出现庸俗化的倾向，实用性和利益化好像是我们不可逃离的藩篱。

代性法治的追求过程更加合理化。

在中国法律文化中也有许多是中性的元素。这些中性的元素虽然没有价值上的优劣，但往往对现代性法治有着积极的促进作用。在古代中国有着非常重要的判例法资源，这在先秦时期就已经成为司法运行的事实，并且也有着深厚的思想支撑。先秦之后判例法与成文法携手并进，共同塑造了中国法律文化中重要的传统资源，即混合法。[1] 而这种混合法并不单纯地是一种历史的存在，即便是今天，在我们现代性法治的追求过程中依然发挥着重要的作用，很多法官不仅会运用成文法进行审判，并且也会在合适的情境下运用判例对案件作出良好的判决，这在很多法院都是有实际效果的。这样的传统根植于我们的历史文化当中，同时又在人们的思维结构中具有良好的合理性依托，于是现实的混合法运行就成为一种自然而然的状态。这里没有强迫，也没有以价值判断为前提进行取舍，它只是自然地在发挥作用。这就是传统的力量，或许我们可以说，正是因为我们不做价值论上的判定，混合法才能够更好地在现代性法治中充分展现自身的存在意义。

其次，尽管传统往往以一种自然而然的方式发挥作用，但我们从不否认人的自由自觉的创造活动，在通过合理性论证的前提下，人对于传统的主体性推动会让传统发挥更为强大的作用，这样传统就会对现代性法治发挥更为积极的塑造作用。

人们在描述现代性的时候，往往给现代性一种扩张性的属性，也就是说现代性本身就意味着强大的主体性。[2] 这样的认识大抵是合理的，现代性既然以科学主义和理性主义为存在基础，那就一定会表现出面向现实的创造性，于是构造好像就是现代性的自然结果。像中国这样的大国，若是希图谋划和发展现代性法治，就一定免不了理性的建构，理性的建构是现代性谋划不可或缺的维度，在现代性法治中恐怕就更是如此。但既然是在中国进行现代性的谋划，那就不能逃离中

---

〔1〕 关于古代中国的判例法和混合法之文化属性，可以参见武树臣：《中国法的源与流》，人民出版社2013年版，第273页。

〔2〕 人们在描述现代性的时候，现代性总是具有一种主体精神、控制属性和征服式自由。参见包利民、[美]M. 斯戴克豪斯：《现代性价值辩证论——规范伦理的形态学及其资源》，学林出版社2000年版，第31页。

国的传统语境，这个问题我们前面已经阐述明白。我们在这里需要着重强调的是，在今日中国之现代性谋划中，我们应该自觉地发掘传统中合理的元素，[1]在论证之后通过多样化的举措和方略推进到现代性法治的谋划当中。

这里所要开展的首要工作就是合理认识传统中的优良元素，将其在现代性法治中加以构造。在传统与现代性法治之间，积极的传统应该成为现代性法治的重要根基，并且我们有意识地将这些传统植入现代性法治的运行当中。当然事实上已经有很多传统元素在自然地发挥作用。人作为主体毕竟具有一种构造的能力。人作为主体，他总是要进行设计，在他挖掘了传统，并认清了其合理性之后，自然就要将其对象化到现代性法治的谋划当中。无论是历史上的"亲亲相隐"，还是"存留养亲"，抑或是"七出三不去"，[2]都有着重要的合理性价值，将其经过创造性转化，使其成为现代法律制度的构成元素，则会在现实合理性的意义上推动中国法治的发展。如果现代性法治的谋划尽失传统，那就一定不是好的法治。这是我们要认真对待的。

---

〔1〕 对传统的鉴别是现代人在其可能构造的范围内进行法治谋划的前提条件。人们对于何为优良传统的看法往往不能完全统一。武树臣先生认为，中国法律文化中的共和传统、国家治理的贤哲政治、法治与德治相结合的吏治传统、忠于法律的劲士传统、注重实践经验的法学传统以及混合法传统等都可谓优良的传统，应当认真消化吸收。参见武树臣：《中华法律文化精神中的六个重要传统》，载《人民论坛·学术前沿》2014 年第 21 期。应该说，中国传统法律文化中有许多优良的元素可以通过现代性的转化而成为现代法律制度的重要元素，但我们一定要明确，人类固然可以在制度上完成对"精华"元素的现代构造，但未必就能达到理想的效果。人的理性构造能力是有限度的。

〔2〕 在这里提出"七出三不去"的合理性，可能会有人提出反对意见，在这里主要是要强调古代社会离婚制度的某种合理性价值。现代社会的离婚制度并不当然地是合理的，婚姻应该具有一种牢不可破的不可离异性，否则就不是真正的伦理共同体。"当我们询问这些反对者（他们不是教会见解的反对者，也不是上述其他缺点的反对者）他们的论断的根据是什么的时候，他们总是向我们叙述那些违反本人意愿而结合的夫妻的不幸。他们抱着幸福主义的观点，他们仅仅想到两个个人，而忘记了家庭。他们忘记了，几乎任何的离婚都是家庭的离散，就是纯粹从法律观点看来，子女及其财产也不能按照随心所欲的意愿和臆想来处理。如果婚姻不是家庭的基础，那么它也就会像友谊一样，不是立法的对象了。可见，他们注意到的仅仅是夫妻的个人意志，或者更正确些说，仅仅是夫妻的任性，却没有注意到婚姻的意志即这种关系的伦理实体。"参见中央编译局编译：《马克思恩格斯全集》（第 1 卷），人民出版社 1956 年版，第 347 页。婚姻的牢不可破的伦理属性乃是不得随意离婚的根本缘由，过去流行的以爱情为基础的婚姻观念以及随着情感的消失婚姻即可解体的设计，乃是对于婚姻伦理属性的极端不尊重。

四、传统与现代性的整合

传统作为一种流动的文化存在于现代人的思维方式和行为方式当中，任何人都不可能摒弃传统而获得独立的发展，传统就是现代人重要的生活方式。无论是吃、穿、住、行的哪个方面，在中国人聚集的地方必然会深刻地打上中国文化传统的烙印，传统已经在我们当代的实践中生根，实践的机制中永远也不可能匮乏传统的机制，传统本身就是实践的一个内在组成部分。生活在现代性法治追寻中的人们自然也要面临很多选择和决策，国家和知识分子希望人们能够依照根据法治的观念所设定的原则和规则设计自己的行动，好像无论怎样的选择，只要在文本世界中有了良好的根基，那就是一个合理的行动抉择。但实际的情境往往并不是如此，国家法律所设定的规则并不必然地成为人们进行选择的前提，人们的选择总是充满着习惯性（传统性），这就是实践的机制。

传统与现代性的相遇，或许在国家有意识的构造行为以及知识分子的知识创造行动中往往是现代性获得胜利，这是一种很自然的现象。知识的构造与规则的创建是一种主观见之于客观的活动，而当知识分子的头脑中已经完全被现代性所浸染，那他就一定会创造属于现代性谱系的知识体系。当知识分子被委以重任而参与决策活动，并能够有幸去创制规则的时候，那么现代性就是渗透到规则当中，而表达为对人们在现实世界的一种要求。这些规则本身是一种现代性知识。传统与现代性同时存在于现实的实践活动当中，两者之间的碰撞是必然的，传统往往以其顽强的保守性抵制现代性的扩张，而现代性也会以其强大的理性和构造精神去改造传统。于是传统与现代性在实践活动中展开了一场较量，这就好像是一场战争，保皇派与革新派的战争，保皇派未必一定输给革新派，即便是革新派获得胜利，也往往要保留很多保皇派的思想主张，更何况保皇派胜利的先例在历史中也是存在的。传统与现代性的撞击是在实践中进行的，彼此的取舍也往往非常复杂，更何况还有情境的多元化因素在发挥作用。

在传统与现代性的纠结过程中，若是追问到底谁胜谁输的问题，这就好像是两极思维的产物，正确的态度自然是一种实践论的立场。传统元素中有许多并不与现代性法治所蕴含的价值精神相冲突，这种情况下传统对于现代性法治自然会是一种有益的补充,而现代性法治没有必要因为传统不是新的构造就对传统大加攻击,这不仅不能真正有益于现代性的发展,并且会使现代性成为保守的人们,甚至是普通民众的敌人,这样必然会有损于现代性的尊严,现代性的法治发展也会受到严重的抑制。传统是一种强大的力量,在日常生活的作用十分凸显。“事实上,日常的实践活动在社会关系上更为成功,故更为无意识,因为产生实践活动的潜在行为倾向的生产条件与这些行为倾向的运行条件相差不多:潜在行为倾向和结构的客观适配保证了对客观的要求和紧迫性的顺应,而这与规则和对规则的有意识符合没有任何关系;同时还保证了表面上的合目的性,该合目的性丝毫不意味着对客观达到的目的的有意识设定。”〔1〕我们可以说,那种潜在的行为倾向实际上是一种传统的东西,是历史的流动文化。从这样的视角去分析,则这种潜在的行为倾向实际上就是实践的一个有机组成部分,一种本就属于实践的传统往往比充满了构造性的现代性规则在实践中所发挥的作用和价值要大得多。“社会学从来没有像在规则用语完全不适用的场合,亦即在对社会组织的分析中那样多地使用规则用语,而在社会组织中,由于客观条件在时间流逝过程中保持恒定,所以在对实践活动的实际决定中,规则所占的份额非常有限,主要部分由习性的自动性来承担。”〔2〕在一种当下的实践中,不仅是与现代性法治不相冲突的习性,而且即便是与现代性法治相对立的习性,在一定时间内都是难以改变的。〔3〕

如果我们站在一种现代性的立场上去对待传统,当然是希望“立竿见影”地通过现代性去改造传统。但如果站在实践论的立场上,则需要改变一种主体性的思路,而用一种中道的辩证智慧认真对待传统与现代性的纠结与整合。凡是植根于人们的文化心理结构且已经成为身体习性的传统,现代性往往无法在短时间内将其整合,更何况这些传统在基本价值上与现代性并没有冲突,尤其是在意识形态的现代性立场上根本就不存在冲突,那么这样的传统就会持久地展示自身的影响力和塑造力,现代性当然也就没有必要去消灭它们,哪怕是激进的改造也是多余

〔1〕 [法]皮埃尔·布迪厄:《实践感》,蒋梓骅译,译林出版社2003年版,第231页。

〔2〕 同上。

〔3〕 比如,中国文化中的“法律实质主义”作为一种传统,就渗透到了现代性法治的构造当中,它作为人们的习性实际上对现代性法治的程序理性是一种破坏作用。但作为习性,它是根深蒂固的,更是在短时间内难以改变的。

的。有些传统已经被早期的意识形态的扩张改造了许多,甚至是消灭了许多。今天的现代性法治一定要有一个清醒的认识,用一种包容的现代性或者说被改造的现代性认真对待传统,让传统不仅成为我们实践的构成部分,并且也自觉地成为现代性法治的宝贵资源。这样传统作为实践的组成部分就自然被整合到了现代性法治的谋划当中,于是我们所看到的现代性再也不是一个嚣张的现代性,一种“飞扬跋扈”的面孔上现出了“温婉的笑容”。我们期待这样的现代性,它已经糅合了我们的传统,我们崇拜它的力量,更崇拜它的宽容,宽容消弭了现代性的暴戾之气。

在传统与现代性的交互活动中,我们也看到了某些冲突的元素。价值论的冲突往往是本质性的,而在法治精神的理解上也往往存在一些重大的区别,于是传统与现代性之间还是要在实践中进行博弈与较量,这自然是一个较长的历史实践过程。在这个对峙的过程中,传统是以习惯的方式在发挥作用,但这些传统可能是有问题的,如传统中的权力中心、实质主义和行政化,尽管在固有的传统中不被质疑,并在今天还顽固地影响着人们的思维方式与行为方式,但它毕竟与现代性法治有某种紧张关系,于是在传统与现代性法治之间就会有一种较量。尽管在知识精英的立场上张扬了程序理性的现代法治精神,但实际的法律运行仿佛并不能表达程序理性的精神。程序理性在实际上总是被实质主义的习性所破坏,这是现代性法治的困境。然而理性认知告诉我们,无论以怎样的方式破坏程序理性设计,都是对法治的不尊重和对法治精神的亵渎。而如果长久持续地亵渎法治精神又得不到制裁的话,那就会以增量千万倍的方式去破坏法治的秩序和尊严。于是,法治精神的培育还需要从传统中借鉴合理的资源,这就是传统之重刑主义的理念,重刑主义的拓展与深化是治理中国人的有效方式,法律必须有严厉的制裁,谁破坏了程序理性,谁就要为此付出代价,甚至是成倍的代价以使其与对法治的破坏形成恰当的比例关系。这是一个实践的问题,也是一个主体性建构的问题,同时也是一个整合的过程,主观的构造与传统之间的博弈与较量在中国现代性法治的谋划过程以及实践延展中将会长期地存在,对于现代性之胜利的展望是一个遥远的期待,然而,我们依然期待着!当然,我们期待的是糅合了传统合理性的现代性法治。

从实践论的角度看待传统与现代性的较量,而不是从主体建构的单一角度分析,我们无法预料到底传统与现代性会出现怎样的结果,更无法预料到底谁能够取得胜利。我们只能说,这是一个交互作用的过程,这一实践过程的展开将按照自身的规律在传统与现代性之间进行整合,或许这是一种力量大小的角逐,或许是一场合理性的选择,或许是主观强制的构造。无论是怎样的情境,我们现在都难以给出一个固定的结论。传统与现代性之间的整合过程正在实践过程中得以展开,这是一个没有固定结论的实践延展过程,只能存在一定实践阶段上的相对结果。但我们依然相信,不论是一种怎样的实践过程及其结果,在法治的不断追求中"人"都将日益获得尊严,同时整体的人们也将更加融合团结。这是一种信念,不管它的实现程度到底如何,我们都必须坚持。

五、法治谋划的行动原理

人总是要有理想的。生活在"传统"(传统即现实)中的人们也是有理想的,这样的人们既希望保留传统社会中的合理化成分,又希望在法治实践中不断地实现自身的飞跃与发展,这是由人的理性本质所决定的。无论是个体还是群体都无法逃离这样的思维方式。既然人们都有理想,那就一定会出现对于法治的谋划和设计,法治谋划中自然就会遭遇传统与现代性的问题,于是我们就要甄别,就要进行各方面的论证,尽量地让合理化的传统在法治实践中得到延展,而同时也适度限制现代性的扩张,在一种平衡当中实现我们美好的追求。谋划是一种运思,是一种思想的实践,〔1〕谋划之后就不需要怯懦,而是一定要行动。法治本身就是一种行动,〔2〕法治有着自身的行动原则,我们不能偏离法治的行动原理,这也是实践的规律。法治实践有着自身的规律,但它并不是一种所谓的必然性发展道路,在法

〔1〕 人作为主体是有思想的主体,他一定会有着各种各样的思想的实践活动,而其差异则在于其合理性的程度以及效果的优劣。姚建宗教授对"法律的思想实践"概念做过深刻的分析,值得认真考量。参见姚建宗:《中国语境中的法律实践概念》,载《中国社会科学》2014 年第 6 期。

〔2〕 参见武树臣、武建敏:《中国传统法学实践风格的理论诠释——兼及中国法治实践学派的孕育》,载《浙江大学学报(人文社会科学版)》2013 年第 5 期。钱弘道教授等谈及通过法治实践推动公共理性的建构,也可将其理解为"法治是一种行动"。参见钱弘道、王梦宇:《以法治实践培育公共理性——兼论中国法治实践学派的现实意义》,载《浙江大学学报(人文社会科学版)》2013 年第 5 期。其实,任何与法治相关的理念和习性的养就都无法逃离法治实践的培育,只有在反复的实践中人们对于自身的改造才是彻底的,任何单纯的离开现实实践活动的主观性都是要力图避免的。当然,这并不是要否定具有实践合理性依托的主观性在法治进程中所发挥的创造性价值。

律生活领域中绝对的、纯粹的、逻辑的必然性是不存在的。法治实践不是一种科学意义上的实验,它只是一种行动,是人追求法治的行动。尽管这个行动并不存在绝对的必然性,但却有着自身特有的运行机制。

首先是法治实践各元素交互作用的辩证机制。现代思想界恐怕很少有人再相信在客观的物质世界还存在什么辩证法,物质世界是根本不存在辩证法的,这是实践哲学所坚持的一个基本立场。辩证法只有在人类的生活中才可能存在,没有人的活动,就不可能有真正意义上的辩证法,辩证法的实践属性和属人特征正是辩证法的本质之所在。法治实践的运演过程正是一个辩证的运动过程,在这个活动中,传统与现代性、主体与客体、现实与理想、中国与西方、法治与人治、精华与糟粕、中体与西用等矛盾双方相互作用、相互构造、相互推动、相互抑制、相互争夺,到底哪个方面会获得充分的胜利,这是由实践的双方的势力与具体的情境所决定的,这样的实践论才不是任何一种决定论,只有实践论的立场,才是一种辩证法的立场。关于法治运行各元素的辩证机制之表达乃是一种实践论的思维方式,这种思维方式克服了法治进程中两极对立的缺憾,使参与法治运行各要素之间能够在一种中介化的思维方式中获得良好的阐释。实践论作为辩证法的思维形态,其所坚持的是一种现实的、真正属于生活世界的思维方式,它具有“思维的现实性和力量”。“人的思维是否具有客观的真理性,这并不是一个理论的问题,而是一个实践的问题。人应该在实践中证明自己思维的真理性,即自己思维的现实性和力量,亦即自己思维的此岸性。关于离开实践的思维是否具有现实性的争论,是一个纯粹经院哲学的问题。”[1]这自然可以被看作是法治思维的实践论转向的理论基础,而实实在在的生活世界则是法治思维实践转向的现实合理性基础。

其次是偶然性与法治实践的运行机理。在以往对社会发展乃至一切领域的研究中,人们更愿意从必然性的角度分析问题,并将人类的实践看作一个必然性的历史进程。之所以有这样的必然性思维方式,乃是为了论证一个终极的历史目标的合理性,于是偶然性成为必然性的附庸,湮没在历史决定论的泥潭当中,偶然

---

〔1〕 中央编译局编译:《马克思恩格斯选集》(第1卷),人民出版社1972年版,第16页。

性失去了自身对于社会发展的伟大的创造性力量。法治是一种行动,法治的实践展开决不是一个单纯的必然性运演,否则人们在法治实践面前就将束手无策,任由逻辑必然性摆布,这是一种非常可怕的现象。在西方思想界,随着人们对于古典哲学的批判,偶然性日益获得了人们的高度重视。罗蒂关于偶然性的阐释可以说是很深刻的,甚至坚信人的想象力可以构成历史发展的动力,他强调了实践与人的发展动力,这就自然摆脱了必然性的束缚,当然罗蒂的论述有除掉必然性的嫌疑,因此难免具有使偶然性绝对化的思想倾向。[1] 而在中国学术界,由于对马克思实践论研究范式的强化,偶然性的历史和实践价值也日益获得人们的高度认同,相比必然性时代的真理认知使人们的思想获得了真正的解放。偶然性对于法治乃是一种巨大的构造力量,甚至在关键的历史时刻,偶然性会创造法治发展的里程碑。无论是个体,还是情感,抑或是想象力,也许是突发奇想都可能成为法治实践得以改观的偶然性前提。这依然是一种实践论的思维方式,法治思维的实践转向乃是当代中国法治追寻的思维基础,否则人们将无法充分利用和把握法治发展的良好契机。

最后是具体事件与法治实践的运行机理。从广阔的意义上讲,事件本身也是一种偶然性,强调事件的发展作用也是对过度强调必然性的思维方式的克服,从而是从实践论的立场对法治发展的谋划和考量。在中国法学界存在一种文本主义的法治发展路径,这主要是从完善制度建设的角度对法治的谋划和设计,并力图在不断推进制度实现的意义上最终建设成为法治国家。这虽然也是一片好心,但难免是一厢情愿的想法。法治的发展是需要我们用心对待的,而不是用文本的思考代替对法治发展的实践论思考。在法治发展的历史上,我们看到了具体事件对法治的贡献。

法治是一种行动,是一个多要素交互作用的运行过程。在这个过程中,我们要珍视那些在以往被忽略的要素所发挥的作用,更要重视多种多样的偶然性元素对法治的伟大构造力量,并进而通过一个又一个的事件推动法治实践的培育和发

〔1〕 参见潘德荣:《偶然性与罗蒂新实用主义》,载《华东师范大学学报(哲学社会科学版)》2005年第1期。

展，个体的力量将不会被刻意融入群众当中去理解，偶然性也不会被必然性所遮蔽，辩证法也不会被决定论所取代，我们所看到的将是一个丰富多彩的法治实践过程。这就是关于法治思维的实践论转向，随着视角的转化，人们所看到的世界以及他们的行动都将呈现别样的特质。正是这样的法律实践活动对传统具有强大的整合功能，传统作为实践活动的一个要素，会在各种充满想象力的偶然性活动中以及各种具有鲜明自身特色的具体事件中被逐步地解构或者重塑。尽管这个过程本身充满着偶然性，但正是由于偶然性的存在，才更显示了作为主体的人在法治实践中所扮演的重要角色。法治实践的过程是传统被不断整合和塑造的过程，也是现代性法治自我展示与自我消解的过程，更是人通过一个又一个具体事件创造真正属于自己的美好生活的过程。

第三节 自治的传统及其法治意义

法治并不是要鼓励人们到法院里打官司，法治的基本要义在于为人们提供良好的行为尺度，从而使人们能够对自身的行为有一个良好的合理性预期，而拥有合理预期的主体自然就懂得合法与非法的边界，也就明确了自身的行动尺度，自然有益于在法庭之外解决其所面对的各种纠纷，从而实现社会的和谐发展。自治就是鼓励人们自己解决问题，这本就是法治思想的固有要义。如果人们动辄将问题推给法官，从而占据各种各样的司法资源，这对国家机关集中财力、物力、人力去解决重大疑难问题极为不利。从而不利于人们良好的法律文化心理结构的塑造。但这并不意味着法律不发挥作用，法律不仅还在发挥自身的作用，而且是以一种更为有效的方式塑造着社会的秩序与和谐。自治的精神内在地包含在社会治理的理念当中，它既是国家治理的重要环节，也是法治建设的基础。我们不仅要鼓励人们在法律的指引下自主性地解决各种问题，而且还要自觉地建构各种群众自治制度，从而有效地发挥人民自治在社会全面协调发展中的重要地位。党的十八届四中全会明确指出："深化基层组织和部门、行业依法治理，支持各类社会主体自我约束、自我管理，使广大基层群众在自我管理、自我服务中增强法治意识和权利义务观念。发挥市民公约、乡规民约、行业规章、团体章程等社会规范在社会治理中的作用,涵养社会成员自我追求自由与约束、活力与有序相统一的内生动力。”这是对自主、自治、自我服务及自我管理的高度认可,是对社会自身所呈现的规律性的尊重,体现了“实事求是”的思想路线,这是一以贯之的原则。党的十九届四中全会上强调指出:“健全充满活力的基层群众自治制度。”自治是社会治理概念内涵的基本精神和导向,也是社会主义法治建设所要认真对待的重要资源。

一、自治的传统

自治要充分发挥“社会”在国家治理体系中的作用,同时自治又是“社会治理”中最为基础的环节,社会的自组织模式具有某种“此时无声胜有声”的良好效果。在传统中国社会中,无论在理论上还是在实践中,“自治”都具有丰富的资源,这对于架构和充实现代法治理论具有重要价值。道家思想主张“无为而治”,这自然是基于“道”的本体论依托的自治理念。“以正治国,以奇用兵,以无事取天下。吾何以知其然哉?以此:天下多忌讳,而民弥贫;人多利器,国家滋昏;人多伎巧,奇物滋起;法令滋彰,盗贼多有。故圣人云:‘我无为,而民自化;我好静,而民自正;我无事,而民自富;我无欲,而民自朴。’”[1]听起来好像是在讲谋略,但实则为基于“道”的治理智慧,是在对事物进行直观洞悉的基础上作出的恰当判断。

尽管儒家主张入世情怀,但这与儒家思想中的自治元素并不冲突,因为自治的合理性根植于事物的本性当中。“古之欲明明德于天下者,先治其国。欲治其国者,先齐其家。欲齐其家者,先修其身。欲修其身者,先正其心。欲正其心者,先诚其意。欲诚其意者,先致其知。致知在格物。物格而后知至,知至而后意诚,意诚而后心正,心正而后身修,身修而后家齐,家齐而后国治,国治而后天下平。”[2]这又何尝不是一种“自治”?“自正”则“世界正”,道德自治的精神恰恰张扬了人的主体性卓越价值。儒家的道德礼义本就具有自治的功能,而其在民间社会的流动则典型地呈现了其自治的功能,无论是传统的家族自治,还是乡绅自治,

[1]《道德经》第五十七章。
[2]《礼记·大学》。

都不可能逃离道德礼义的存在空间,其自治的展开是在儒家伦理道德规范的延展下进行的。即便是当代社会的自治,也往往无法离开儒家道德伦理的登场,道德本身呈现了良好的自治功能。在现代法治的发展进程中,我们提出了以德治国的重要治国方略,充分挖掘传统社会儒家的伦理道德资源,使其实现自身的创造性转化对中国法治建设至关重要,而在完善"社会治理"层面的"自治"当中传统道德资源的创造性转化更易于获得对象化的现实效果。

法家思想同样包含了重要的"自治"理念。"故吏之所使者,有法则民从之,无法则止,民以法与吏相距,下以法与上从事。"[1]在没有法律的地方,老百姓是自由的,自然就拥有了自治的权力空间。"吏明知民知法令也,故吏不敢以非法遇民。"[2]由于社会民众知晓成文法的边界,因此便难以用不法的方式对待他们,在成文法之外老百姓同样拥有自治的空间。商鞅更是直接论及自治问题。"万民皆知所避就,避祸就福,而皆以自治也。"[3]当然,国家法律的存在对于自治是极其重要的,人们的自治活动本身有赖于法律的导引,也有赖于法律的保护,而在法律之外人们会有更为充分的自治空间。无论儒家的自治,还是道家的自治,抑或是法家的自治,还有历史实践中流动的自治形态,都面临在现代社会的创造性转化和创新性发展的问题。

二、自治传统的现代转化

中国传统治理模式呈现多元化。它既包含了治理主体的多元化,也包含了治理方式的多元化,多元化的治理形态共同塑造了中国古典社会总体上的协调发展。就治理主体多元化的角度而言,在传统中国既包含了作为总体调控主体的国家政府,也包含了民间社会的多元化治理主体。民间社会中的家庭、宗族以及德高望重的权威人士等可以被称为治理的主体,这些主体从不同的层面发挥着各自的治理功能。治理主体的多元也是现代社会所必需的。在现代中国中,我们不仅要发挥国家作为总体性治理主体的调控作用,而且还要善于挖掘各种社会组织的

[1] 《管子·明法解》。
[2] 《商君书·定分》。
[3] 同上。

治理功能。在农村地区要善于利用“乡贤治理”的优势,为农村地区的和谐发展奠定基础。由此形成一种“国家主导与社会自主”相互协调、相互促进的多元化主体治理模式。同时,传统中国治理模式中所包含的治理方式也是多元化的。传统社会有效地运用了礼义规范、道德、法律、习惯、官箴、家训等多元化的治理方式。而在现代社会人们往往更加突出地强调法律与道德的治理作用,而对其他治理方式有所忽略,这或许是现代社会结构发生了重大变化的缘故。比如,传统的等级化的“礼”也许无法直接在现代社会中加以运用,但是“礼”的内容可以通过“乡规民约”的方式在乡民社会中为人们所践行。治理形态的多元化还在不断地探索与发展之中,在许多方面人们还缺乏共识,但“多元化”的趋向是人们所普遍接受的。我们应该认真研究传统社会各种样态的治理方式,使其实现对现代社会的对接与发展,才可能完成传统多元化治理资源的现代转化。

我们对古代官吏进行分析发现,古代官吏要遵循礼的法度,践行道德法则,儒家教化承担了提升他们道德修养的功能。而这又可以被理解为“贤人之治”的策略,乃是造就德才兼备的官吏的重要举措。同时,官吏又必须严格遵守法律,严格执法本身就是古代吏治文化的一个重要组成部分。[1] 官吏严格践行法律自然是“法治”的要求。也只有坚持“法治”,才能使官吏“不敢以非法遇民”[2]。这样就等于在法律之外给社会民众的“自治”提供了一个相对自由的空间。如果说“法治”是以消极的方式保障了民间“自治”的话,那么“礼治”与“德治”则是以积极的方式有效地推动了传统社会自治的实现。无论是家庭治理,还是宗族治理,“礼”与“德”的作用是根本性的。“礼治”在现代社会固然可以转化为乡规民约的某些内容,而“贤人之治”则以“人的建设”而完成自身的现代性转化。“德治”与“法治”相结合的现代转化已经获得了普遍认同,而“自治”融入“德治”与“法治”则是传统辩证融通的治理模式所给予现代治理的一个重要经验。党的十九大报告明确指出:“加强社区治理体系建设,推动社会治理重心向基层下移,发挥社会组织作用,实现政府治理和社会调节、居民自治良性互动。”这就为“自治”的健全发展

〔1〕 法家十分重视吏治建设。参见武树臣:《法家法律文化通论》,商务印书馆2017年版,第674页。

〔2〕《商君书·定分》。

奠定了政治合法性基础。充分发掘传统治理资源,实现"德治""法治""自治"的现代融合是社会主义治理现代化的一个重要任务。

三、自治:法治的理论构建

法律为自治划定了边界,也为自治提供了保障。然而这并不表明法律对自治的单方面价值,自治本身仍然具有重要的法治意义。自治本身就是法治图景的构成部分,这是一种内在性的理解进路。在这种思想视域下,一旦我们论及自治就意味着它是一个法治问题,是法治的基础性环节。让国家制定的法律文本去包揽一切问题,这是不可能做到的,动用国家的一切资源去解决社会生活中频发的问题,也是不明智的。社会的问题交由社会去解决,把原本属于社会的东西还给社会,充分发挥社会在解决各种问题中的功能,才可能更好地谋求良好社会秩序的实现。社会"自治"在接受国家法律的引导、规范和保护的前提下与法律之间也构成了一种平衡关系,甚至也具有某种相互制约的功能。在总体上呈现了国家与社会之间的平衡与制约,而平衡与制约恰恰是一种现代法治精神。国家与社会关系图景的法治诠释,为我们进一步理解法治提供了一个基本的理论视角。

自治的治理理念意味着对社会自主性价值的肯认,无论是社会生活中的个体还是组织都具有自主发展,自我管理,自我解纷的自由与责任,这是法治自觉精神的呈现。"自我管理是惟一的起点。因为精神在任何一个可以呼吸的地方都会引进相同的、为自身所固有的形式,并坚持忠实于自己——无论是在个人的道德自律中,还是在私人团体的自治和民族政治的自律中。"[1] 自我管理是一种自律精神的体现,它是真正的自主性表现方式,同时构成了社会自治的基础。自律固然是一种精神生活方式,但它同样需要融入法治生活当中,单纯依靠外在强制力的推动不可能完成法治的时代使命。法治是一种生活方式,生活在法治社会中的个体必须学会自我管理,以自主、自愿、自由的方式解决其所面临的各种问题,自主性当然不能摆脱责任的限制,因此自主性同时意味着自律,而自律理应成为现代法治的生活方式。当然,自主性精神和自由精神是不可能与法相分离的,基于社

〔1〕 [俄]伊·亚·伊林:《法律意识的实质》,徐晓晴译,清华大学出版社2005年版,第170页。

会治理理念的法治原理同时意味着法对于个体尊严的高度肯认。“个人精神尊严感本身就蕴涵着追求法的目的的活的意志,即保护和繁荣精神生活的活的意志。成为精神和珍惜自己的精神方面,意味着需要法,承认法和拥有实施奉公守法行为的最有力和最纯洁的动机。精神是法的目的,而法则是精神的形式和精神的手段。正因如此,个人精神尊严感才能在心灵中创造出追求法和法律秩序的最强动因。”〔1〕

基于自治的治理理念,法治则内在地包含了一种平衡的理念,同时也意味着法治蕴含了“有所为有所不为”的边界意识。在国家与社会之间,社会有着自身的自主性追求,也有着自组织的结构属性,社会的自主性或许是由于“个体精神的自由”,或许是由于习惯的作用。“个体精神的自由”在初始阶段中往往表现为对于利益的追求,而在利益博弈的过程中则生成了对问题的解决方式。“个体精神的自由”在高级阶段上则往往表现为对于人们所向往的事物的追求,卓越的精神会采取一种自律的方式解决其所面对的各种问题。而习惯的自组织作用则往往是在历史实践过程中逐步生成的,它与制度有关,往往凝结在人的身体当中。“习性是持久地配备了有规则即兴之作的生成动力,作为实践感(sens pratique),它使制度中的客观化意义(sens objectivé)恢复活力。集体历史的产品,亦即客观结构,若要以持久的和调适的行为倾向——客观结构的运行条件——这一形式再生成,就离不开反复灌输和据为己有这样的工作,而习性就是这样工作的产品,它形成于一种特殊的历史,将它的特殊逻辑施加于身体化(incorporation),行为人则通过这种身体化使自己从属于制度中客观化的历史。”〔2〕中国社会深层结构中蕴含了各种各样的关系,深入挖掘习性式的自组织模式,是我们推进新时代社会治理发展的重要举措,投身于社会当中勘察各种有益的资源是促进社会治理事业纵深发展的基本前提。无论社会治理的自组织模式具有怎样的优越性,在必要情景下都要接受国家的引导和规范,这是保障社会治理沿着正确道路发展的前提条件。在国家与社会之间,社会的要求必须受到国家的关注,社会作为国家的前提是基础性

---

〔1〕[俄]伊·亚·伊林:《法律意识的实质》,徐晓晴译,清华大学出版社2005年版,第148页。
〔2〕[法]皮埃尔·布迪厄:《实践感》,蒋梓骅译,译林出版社2003年版,第87页。

的,社会生活中人民的需求正是国家要追求的目标;而同时社会自身的特殊性和杂多性,也需要国家的引导,以便使社会自身具有良好的合法性。当然,正是由于社会的基础性地位,国家在推进法治建设的过程中不能随意破坏社会的自主性结构,这便是法治理念中所蕴含的边界意识。在国家与社会关系问题上,我们应该采取一种互动平衡的理解方案,避免任何极端化思维倾向,从而使两者之间在协调平衡关系中实现自身的合理化发展。理论的确立并不意味着行动的终止,而只不过是法治实践的一个环节。我们还需要深入到社会治理的微观结构中去把握其内在的运行机理〔1〕,用行动驾驭"细节",切实推进中国法治向着纵深发展。这是现代法治建设必须认真对待的问题。

〔1〕 对微观领域的实证研究有益于我们对社会治理的操作性把握。如有学者对乡村社会治理中的越轨群体进行了微观研究,参见黄海:《转型期乡村社会治理及其本土化分析进路——作为方法的社会越轨群体研究》,载《清华大学学报(哲学社会科学版)》2020年第6期。

第三章 现代法治谋划的多维视角

当代中国确定了建设社会主义法治国家的宏伟蓝图,这就要求我们从不同维度谋划现代法治的合理性发展。国家与社会的分析框架是分析法治问题的重要认知方式,现代法治不可能从单纯的国家政府的维度加以构建,而必须认真对待社会,或者说我们应该在国家与社会之间寻找良好的平衡点。社会是国家的基础,这个思想在黑格尔和马克思那里都获得良好的论述,现代性法治国家的谋划必须使我们的社会充满真正的自主性,从而才可能实现社会与国家之间的平衡。至于政府理念的提升和政府运行机制的合理化,同样是法治国家的保障,政府的"有限性"和"去利益化"乃是法治谋划的重要方向。而公民意识必然意味着公民责任,一个国家的个体若是缺乏了责任感,就不可能真正形成法治国家。个体关乎心灵,这是个道德问题,也是个信念和信仰的问题,然而在实用化的文化空间中是否能够培育内在的精神信念,这不仅是个理论问题,同样是个实践的问题。我们必须从法治国家、法治社会、法治政府三位一体的统一性高度把握中国法治发展道路。

第一节 国家与社会之间:社会治理的平衡原理

随着社会主义法治国家的全面发展,在社会生活中也出现了一些矛盾和问题,解决这些矛盾和问题乃是社会主义国家发展的本质要求。但矛盾的解决不能采取单纯的自上而下的办法,而必然也包含了从下向上的解决过程,正是这种双向的机制构成了社会治理创新的根本价值之所在。在过去的很长一段时间内,人们一提到治理,总是从一个权力性机构的角度进行认知,而忽略了社会的本性,这就使治理活动遗忘了社会的声音。而社会治理创新概念和理念的提出,克服了既往狭隘的管理观念,在思维方式上具有革命性的创造价值。社会治理创新正是发生在国家与社会之间的一种创新,这种创新不仅有助于克服各种社会问题,而且更是体现了人们对自身价值和自主性的精神追求。

一、国家与社会:社会治理的存在空间

与国家相对应,社会有着自身的运行机制,这种运行机制所体现的规律性决定了社会有一个自主性的基本结构。社会本身的发展并不是无矛盾的运行过程,但社会具备克服自身矛盾的良好机能,法治国家的建设必须充分调动一切社会性资源,从社会的深处推动法治国家的建设,这是一项基础性的事业。在法治国家、法治政府和法治社会的三位一体的思想架构中,法治社会是根本性的基础环节,尽管国家和政府的存在根基在社会,但社会相比国家和政府在其现实性上往往是弱势的,在这种情况下应该通过法治思维和法治方法架构国家、政府和社会的关系,从而生成法治国家、法治政府和法治社会之间的动态平衡,但在根基上则要形成以社会为基础的法治观,这是马克思历史唯物主义的应有之义,现代性法治国家建设必须实现国家治理体系的"社会转向",由国家采取一种"控制—协调"的治理方式,[1]而让社会发挥充分的自主性,这将是一种平衡主义的法治观。

在传统中国的社会治理中,也存在国家与社会的二元结构,国家作为权力的中心同时也构成了整个社会的中心。在传统的国家与社会之间在价值观念上秉承的都是儒家的伦理道德理念,国家与社会都被儒学的价值体系所控制,甚至任何个人都无法逃离儒家观念的构造和束缚,这构成了一个国家与社会在总体上协调统一的前提。观念的契合会导向行动的契合。只有当统治者不能满足人们对于生活的基本需求的时候,国家与社会的冲突才会逐步彰显,而在一般的情境中两者之间最多只是一种紧张关系。这种国家与社会的协调与统一乃是一种高度

[1] 有人认为按照马克思主义的基本原理,国家治理的形态可以分为如下几种历史顺序的类型:"占有—掠夺"为主的国家治理类型;"统治—管理"为主的国家治理类型;"控制—协调"为主的国家治理类型。参见戴长征、程盈琪:《国家治理现代化的理论定位和实现路径——以国家与社会关系为中心》,载《吉林大学社会科学学报》2018年第4期。在这个过程当中,国家与社会处在不同程度的关系状态之中。虽然马克思主义经典作家并未直言这几种类型,但大体上应该符合马克思主义的基本思想原理。

同质化的治理模式，[1]它是在漫长的历史发展中所形成的一种在道德上具有合理性的治理模式。

传统社会中国家与社会的协调统一在法律上也具有良好的合法性。我们可以很明确地看到，传统中国的法律所坚持的基本精神和法理理念正是国家和社会共同具备的一种精神，历代法典所体现的是国家的根本指向和精神旨趣，同时法典的精神也正是社会精神的表达。也就是说，法典所体现的旨趣不仅仅是国家的，而且也是社会的。正是这种法典精神在二元结构的同质性，决定了传统社会国家与社会相契合的状况。这种状况往往使得民间社会中对问题的解决路径在根本上是符合国家法律的根本要求的，没有在根本上与国家法律相对立的民间解决方式，即便是国家与社会在解决问题的路径上存在一些差异，这些差异也是可以容忍的差异。国家与社会关系的契合性及其契合性正是中国传统社会治理方式最为重要的特色。

在现代社会，国家与社会之间的关系出现了多元化的局面。国家与社会往往会出现不同的声音，社会有着自身的自主性，社会本身的自主性代表了社会自身的利益和需求，包括法治建设在内的任何形式的国家建设都必须认真对待社会本身的自主性发展模式。随着市场经济的深入发展，社会自身正在以前所未有的速度获得自身的自主性价值，市场经济本身就是一种社会自主性的经济运行形态。国家与社会之间的矛盾化解必须采取一种中庸化的立场，即在国家与社会之间寻求良好的平衡，而这种平衡意味着国家对社会的尊重。只有国家采取了尊重社会自主性的方式对社会进行治理，社会本身才能在一种合理化的路径中消除自身的矛盾，从而在根本上推进法治国家建设。在社会主义国家，国家与社会之间没有根本的对立和冲突，在本质上两者之间的利益是一致的，正是这种一致性决定了我们应该采取一种尊重社会自主性的方式化解和消除矛盾。无论是在法律治理

〔1〕 关于中国传统社会的这个特点的确与西方传统社会存在重要的差异，吉登斯在谈及西方的等级分化社会的时候这样说："传统国家(阶级分化的社会)的本质特性是它的裂变性(segmentary)。其政治中心的行政控制能力如此有限，以至于政治机构中的成员并不进行现代意义的'统治'。传统国家是有边陲(frontiers)而无国界的(borders)。"参见[英]安东尼·吉登斯：《民族—国家与暴力》，胡宗泽、赵力涛译，生活·读书·新知三联书店1998年版，第4页。而在中国传统社会，虽然国家的控制能力也不比今天，但由于国家与社会的高度契合性在实质上等于实现了国家控制力的无限增强。

还是在道德治理抑或在民间社会的治理中,国家都要以一种宽容的态度去容忍社会的问题,在尊重社会的前提下解决社会的问题。

社会治理正是发生在国家与社会之间的一种治理模式。没有自主性的社会就没有自主性的国家,没有能够以自身的合理化确认自身合理性的社会自主性组织的发展就不可能形成具备现代属性的国家。现代性国家就是一个尊重社会自主性的国家,就是能够让社会充分运用自身的机能解决社会问题的国家。在现代社会,任何社会中存在的自主性组织都具备自身的利益机制,都有着自身的权利要求。国家与社会之间理应是平衡与协调的关系,只有在这样的关系中,社会治理才是一个具备合理性与合法性的创新模式。

社会治理创新是当代中国法治进程中的一项重大举措,社会治理创新之所以可以被称之为创新,就在于社会治理创新赋予了社会更大的自主性,它理应让社会主动地发挥自身的能动性,让社会组织能够在一种合法性的前提下保持自身的自主性功能。在新型治理机制下,国家有国家的空间,社会有社会的空间,国家充满着自身的自主性,社会也有良好的自主性价值,国家与社会不是对立的关系,而是在合法性前提下的一种平衡关系。国家不会去破坏社会的自主性空间,社会也不会去破坏国家的良好秩序,这是一种真正的和谐状态。真正的和谐不是用一方去吞没另一方,而是具有一种必要的张力,正是这种张力保持了国家与社会双方各自的自主性,这正是社会治理创新所应该具有的基本旨趣。

二、社会组织自我管理的合法性

社会组织在当代中国获得了迅速的发展,其在社会治理中的作用日益凸显。社会组织不是国家构建的结果,在本质上它属于民间社会。在归根结底的意义上,社会组织所代表的是民间社会的声音,社会组织同时也具有自身的利益结构。社会组织的存在根基在于民间社会及其自身的利益结构,这样不仅对社会组织是有意义的,而且对于国家自身的完善与发展也是大有裨益的。让社会组织充分发挥自身的各种功能,才能在根本上促进法治国家的生成,自主性的社会组织必须形成“自我实现”的良好运作机制。法律就其本性上讲,必须具有自身的存在边界,而给社会以广阔的自组织空间。

社会组织的自我管理乃是社会组织自主性的重要体现。社会组织是在国家与社会之间存在的一个重要主体,但它在本质上属于社会。如果一种社会组织不能代表民间社会的声音,那么社会组织自身的合法性就失去了其最为根本的依托。合法性不是一个单纯的是否与法律相符合的问题,而是一个在价值上或在理念上是否能够获得普遍认同的问题。当代中国的社会组织已经在逐步获得自身的自主性,其自我管理的属性已经明显增强,在一定范围内它将获得更大的自主性。意识形态的观念并不构成对社会组织自主性的反对,任何社会组织都可以在坚持既定的意识形态的前提下保持自身的自主性和自我管理的美好品质。

关于社会组织自主性与自我管理的合法性问题可以从三个层面加以理解。

首先,社会组织自我管理的合法性面临一个民间社会本身的合法性检讨问题。社会组织本就产生于民间社会的需要,在根本上应该是与民间社会保持着密切的沟通与良好的互动。如果要确立社会组织自我管理的合法性问题,恐怕问题的关键就是一个社会民众的首肯问题。好像这个问题在当代中国已经不是问题了,社会民众迫切地呼吁能够代表自身利益要求的社会组织的形成、发展与成熟。成熟且富有自主性的社会组织是代表民间社会之社会民众的最恰当的中介,它可以沟通国家与民间社会的矛盾与冲突,能够化解两者之间的矛盾关系。正是由于这样的一种作用,我们说社会组织自主性及其自我管理的合法性基础能够获得良好的证立,社会民众不仅对自主性的社会组织没有反对的声音,还由于其与自身的高度协调性使得人们认同这样的组织。其实这种证明逻辑在中国传统社会中的"以德配天""敬天保民""保民而王"等民本主义思想体系中已经获得了良好的证立,国家都需要代表人民的呼声,何况社会组织呢！而当今中国国家的社会主义性质更决定了国家与人民的契合性,自然的逻辑是社会组织与国家及人民利益的契合性。

其次,社会组织自我管理的合法性问题面临一个价值观念的认同问题。"合法性的第二个需求涉及社会价值观念和社会认同。认同需要社会满意度。没有满意,就不会认同。对于作为合法性重要因素的价值观念的认同起源于价值观的社会作用。价值观念是社会现实的延伸,首先是现实中描述的品质,它解释了人们把价值观念跟自己联系起来的原因。如果价值与现实毫无关系，人们就无法赋予它们意义。”[1]价值观念的认同是内在的认同，是一种观念世界的相通性。市场经济与自然经济最大的区别就在于它是一种具有良好的自主性的经济形态，市场经济运行机制之下的个体与组织在本性上必须是自由的，一旦市场经济条件下市场主体失去了自由的属性，那么市场经济就不是真正的市场经济了。市场经济所培育的是每个个体的自主性美德，同时这种自主性美德也将深刻地被贯穿于社会组织当中，没有自主性价值的社会组织将无法获得人们观念上的认同。社会组织的自我管理在本质上正是这种自主性价值的完满体现和表达，过去的社会组织往往与政府保持着极其密切的关系，而匮乏相对独立性，当然其管理也就遵循了行政化的路线。社会组织的自我管理恰恰是符合社会组织本性的一种管理方式，是市场经济培育前提下形成的自主性管理模式的最根本表现。社会组织自我管理的合法性在价值上的认同正是在自主性价值上与市场经济及其民众个体的精神价值构成了最为根本的契合，正是这样的契合建构了社会组织自我管理的合法性。

最后，社会组织自我管理的合法性还存在一个是否与法律保持一致的问题。“合法性的第三个要求，它与法律的性质和作用相关联。尽管合法性不应被简化为法律（这种倾向符合司法实证主义者对合法性的理解），人们不能忽视法律在追求合法性中的重要作用。法律对于合法性的重要作用的理解要靠澄清价值观和法律之间的关系。要这样做就要强调价值观是法律的实质这样一个事实。”[2]社会组织的自我管理本身也面临着与法律的关系问题，在法治的理念下社会组织的行为必须与法律保持一致和协调。但这里有一个问题，也就是说社会组织所赖以确立自身合法性的法律必须是真切地体现了国家与社会合理平衡的法律。因此，是否与法律相符合的合法性问题，在深层的意义上依然是一个价值问题，正所谓“价值观是法律的实质”。每一种法律本身都需要具备一种与社会发展相契合的价值体系，并按照这样的价值体系架构自身的结构和规则体系。在关于社会组织

〔1〕［法］让·马克·夸克：《合法性与政治》，佟心平、王远飞译，中央编译出版社2002年版，第2页。

〔2〕同上。

的问题上，我们过去的一些规则和相应的做法，都显示了权力中心主义的思维方式和行为方式，社会组织本身的自主性在那样的框架之内很难获得自主性权利，而匮乏自主性的社会组织就不可能真正地实现自我管理。

任何合法性问题都不是一个简单的法律问题，而是一个价值问题，而价值问题又必然关系社会发展。针对社会组织的自我管理问题，则合法性自然要关涉国家与社会的关系问题，以及现阶段民间社会的自主性成熟程度。只有在一个良性互动的国家与社会关系状态中，各自双方才可能获得最佳状态的发展。只有深入到社会的深层，去认真体会无数个体的声音，领会把握社会组织的自我管理的创新价值，才能真切建构起真正符合国家与社会发展状况的法律系统，那时的合法性问题也许就简单地归约为一个法律问题了。但无论如何，价值观的问题是合法性中一个无法更改的维度，[1]合法性问题不能绕开对价值问题的判定。

三、社会自我管理的自主性与国家行为介入的原则

社会本身的自主性并不是国家赋予的结果，而是社会自身发展的结果。市场经济作为一种自主性的经济形态，它塑造了社会的自主性，培育了人们的主体自我意识，唤醒了社会组织自我管理意识的觉醒。市场经济是一个催化剂，更是一个推动社会民主发展的基石。经济活动与社会活动一样同属于马克思主义学说中所讲的经济基础的范畴，但相对于一般的社会活动而言，经济活动具有更为基础的作用。国家行为属于上层建筑的范畴，它必须保持与经济基础的协调契合性。社会自我管理的自主性是市场经济培育的结果，而随着市场经济的不断发展依然将在更大范围和更为深层的意义上促进社会自我管理之自主性的发展。这种社会自主性的发展意味着社会的觉醒，也意味着生活于社会中的无数个体的精神的觉醒。社会本身以及社会中个体的命运不是国家控制的结果，社会理应有自身的自主性，而个体也可以自己决定自身的行为模式和命运。让社会获得自身的价值是在我们认识清楚了国家与社会的关系之后所做出的选择，社会是国家的基础，让社会获得自主性发展是明智的国家的合理性选择。

---

〔1〕 价值观与一个时代的共识相关，又与人们的心理期待相连，其本身是一种合理性。

但是,社会不是孤立存在的,社会孕育了国家的产生,也给自身创造了一个管理者。在社会主义的今天,国家与社会是一种协调平衡发展的关系。国家的介入乃是社会运行过程中一个不可缺少的维度,即便是最弱意义上的国家也不可能不对社会本身进行一定程度的干预。但是,国家的介入与干预一定要坚持一些原则,从而为自身的行为确立一个良好的尺度。

(一)放权社会原则

党的十八届四中全会明确指出:"支持各类社会主体自我约束、自我管理,发挥市民公约、乡规民约等社会规范在社会治理中的积极作用。"党的十九大报告同样要求:"加强社区治理体系建设,推动社会治理重心向基层下移,发挥社会组织作用,实现政府治理和社会调节、居民自治良性互动。"放权已经成为社会组织发展的共识。改造现有的社会组织,增强其自身的自主性价值,也是一项伟大的改革,应该可以看作中央深化改革的一个有机组成部分。将更多的自主性权力还给社会,是国家与社会各自获得良性发展的关键。因此,我们必须实事求是,解放思想,为促进中国社会的全方位改革首先改造我们自己的思想。我们的机制应该选择更多的真正具备改革精神的人参与到深化改革的行列中,促进中华民族的伟大复兴。

(二)适度干预原则

社会自主性的发展及其自我管理的增强,并不意味着国家对社会完全的放任,适度的干预和引导性管理依然是国家与社会关系中应该坚持的原则性策略。社会组织的自主性发展在意识形态上应该接受国家的方向性引导。社会组织不能为了自己的团体利益而忽略整个国家的利益以及更为广泛的社会利益,为此它应该形成公开公平的运行机制,将自身的一切行为都放置到一个巨大的公共空间中接受审查。但是,国家对社会的干预必须是有限度的,国家的行为边界就是要保障社会组织能够自主性地开展自己的行动,社会组织不能因为国家的介入而失去自身的行动热情。适度是一种智慧。国家在对社会组织的管理和引导过程中所坚持的原则,正是法治运行中的对于实践智慧的期待,法治在这个意义上首先是一种实践智慧。

(三)手段合法化原则

国家对社会组织的管理本身具有合法性,这是防止社会组织破坏国家秩序、危害国家安全、颠覆公序良俗、违反公正价值和破坏法治秩序的重要保障。因此，国家对社会组织的管理必须采取合理的手段，而具有根本性的合理手段就是合法化，手段的合法化构成了国家对社会组织进行管理的基本原则。改变代表国家的行政机构对社会组织的管理方式就是要真正做到简政放权，这已经成为中央对行政机构进行改革的重要方向和举措。简政放权所落实的各项权力和义务要按照法律的方式将其固定化，法律化的结果也就阻塞了行政机构滥用权力的路径。社会治理要创新，所谓的创新就是要做到在社会组织坚持社会主义法律的前提下具有创新发展的权力，它们能够在合法性的前提下自由地决策和选择。我们最终所要达到的目标是让社会组织恢复社会组织原本的面貌和其固有的规律性，使其真正发挥自身固有的作用。

在中国特色社会主义法治国家建设中，我们需要弄明白一系列的基础性问题。在国家与社会之间，社会是基础，而国家内生于社会。如果在法治建设过程中，国家不尊重社会，国家所承担的结果不仅仅是法治成本的增加，还会增加许多社会矛盾，矛盾的加剧对法治建设是一个严重的损伤。法治建设要从宏观理论上弄清楚一切核心问题，同时也要在微观上明确法治运行中的某些细节，要算一算“细节法治”的账目。法治社会的建设中存在很多细节问题，不仅发挥社会组织的功能和作用可以节约法治资本，而且充分调动社会资源解决社会中的各种纠纷更可以大量地节约法治成本。当然，充分利用社会资源解决纠纷不仅是一个成本问题，更是一种多元化纠纷解决机制的法理精神的体现。近些年，许多法治学者开始研究“乡村法治”的问题，这是当代中国重要的“社会”领域，法治国家建设的基础在“乡村法治”，它是现代中国法治社会建设的核心环节。中国革命的成功在于“农村包围城市”，中国改革的成功也在于“农村包围城市”，中国法治建设的成功还应在于“农村包围城市”。

第二节 现代性法治：社会、政府与公民

法治作为一种系统工程，它的根基存在于社会生活当中，没有完善且充满自主性的社会生活，没有生活实践的培育所塑造的法治精神的发达，现代性法治是

不可能实现的，这是法治社会的建设问题。至于政府建设，在现代法治中同样重要，现代性法治在一定意义上讲是对政府体制的合法性设定。如果政府的运行机制不符合法治的原理，现代性法治的追求就不会获得对象性的效果，这就是法治政府的建设问题。而公民责任在现代法治中异常重要。如果一个国家的公民只知道向国家要求权利和自由，却不懂得承担责任，那么现代法治同样不可能实现，而当公民个体将权利简单化为利益甚至唯利是图，则这样的个体根本就不配享有现代性法治的美德。

一、社会生活：法治谋划的基底

社会生活对现代性法治是一种基础性的作用，如果没有社会生活的发展，就不可能真正建立现代性法治国家。社会生活为法治国家的建设提供着源源不断的宝贵资源，从社会生活出发去理解法治国家的构建，我们会发现社会生活不仅为法治国家提供了秩序的支柱，而且也为法治国家提供了精神的源泉，社会生活的有序化是现代性法治得以形成的重要保证。

社会生活为国家法治建设提供了最为根本的秩序。社会生活的秩序在本质上是自发的，生活在这个世界的人们并不是在一种外力的强迫下而被动地维护着社会的秩序，而是在行动中的一种自然而然的反映，他们的行为习惯本身就显示着秩序的力量。“在这一社会演化过程中，在某些有利的环境下，出现了自发的秩序，市场经济便是典型的例子。自发秩序并不是某些人凭其理性思维有意创造和设计的，而是无数的个人行为的综合结果；这种秩序容许他们在不知不觉中互相合作、协调，整合而成一个有效率的社会体系。超立法原理可说这种自发秩序背后的组织原则，人可以发现它，但它并不是人自己设计出来的。”[1]社会的基本秩序不可能是由一种神秘的力量加以维系，也不可能是依靠国家的强制力来加以保障的，而只能是一种自我产生，自我发展的秩序。在这个秩序的生成过程中，人们的交往实践也产生了很多不得不加以遵守的规则，这些规则都是维系这个社会存在和发展的基本规则，这些规则在人类的实践中对人类的秩序发挥了重要的作

---

〔1〕 陈弘毅：《法治、启蒙与现代法的精神》，中国政法大学出版社1998年版，第6页。

用。这些规则是社会所不可缺少的,但这些规则如同社会秩序一样不是外力设计出来的,而是生活实践自发产生的。当然实践的产生方式本身就让规则具有了符合实践需要的规律性要求,即使人按照自身的目的性要求对规则加以改造,也不可能在根本上使这些规则体系背离实践的规律性。只有具备了这样的规律性的规则知识,才可能对社会秩序起到维护作用。

社会的秩序构成了法治秩序的基础。现代性法律体系总是认为法治秩序是在国家的推动下才得以建立的,国家依靠着一套法律知识和法律机构为这个社会创造着社会秩序,这只是一种表面的现象。国家的确在法治秩序的形成中起着积极的作用,但这并不意味着国家是法治的基础,法治的基础从秩序建基的意义上讲只能是社会。这是历史唯物主义的基本原理。国家的作用不可能离开社会的基础秩序去发挥它对社会的整合作用,国家行为的效力只有在社会基本秩序的基础上才是可能的,这是马克思主义理论的题中应有之义。以国家为中心的法治秩序的构建是片面的,而社会生活的视角更能帮助我们认识清楚到底对于法治而言"何为根本?何为基础?"社会生活属于"社会存在"的范畴,它是根基性的。法律在归根结底的意义上产生于社会需要,在国家将其制定为普遍的成文法律之前,它就已经在对社会秩序起着维系作用。而国家对于法律知识的提炼,也只不过使法律知识更具有知识的自主性而已,并没有改变法律知识的基本精神和价值理念,根本上依赖于社会生活的法律知识在很多情况下依然按照它所从中产生的方式在运行着,并以固有的方式维护着法治的基本秩序。

社会生活也为法治国家提供着源源不断的精神资源。现代法治是以自由、平等、民主为其主导价值的法治类型,没有这些价值就没有现代性法治。而社会生活不仅为现代性法治提供了这些美好的价值,并使其构成现代法治的价值基础,而且也为现代法治提供了掌握着这些精神价值的人——法律生活的主体。经过社会生活之现代性精神培育的人是具有现代性理念和精神的主体,他们的人格的存在以及他们精神的现代化使他们契合人类的伟大的法治建设。社会生活的发展为现代法治所提供的又不仅仅是这些精神价值本身,而且还提供了现代化的人。现代化的人不仅仅掌握了这些精神,而且还懂得了如何自觉地尊重他人,并且尊重他人为人的本质,这恰恰是现代性法治所要求的精神旨趣。"人对自身现代化的反思,表明人是具有特定的生命意识的存在。人类的生存意义并不在于最大限度地去追求生命的享受,而是应努力去获得'超生命'的本质,使自己从'本能生命'的束缚中解放出来,成为自己生命活动的主宰者,自觉地建立起独立的人格,努力做到成为一个充分自觉的并且是充分尊重他人的人。"[1]这种充分的尊重即表明人本身的完善的程度,也表明这样的人一旦投入到生活实践之中就会对实践产生积极的推动作用,现代法治的构建恰恰需要这样的良好主体去积极地推动法治事业的完善与发展。

社会生活为现代性法治所提供的是具备充分的精神素养的主体,这样的主体充满着独立的人格意识,践行着一种自主性的精神。具备这样的精神的人真正地把自己当作人去看待,更用一个真正的"现代人"的尺度要求自己,用一个"现代人"的尺度去不断地行动,在行动中塑造法治的精神,不仅让自身感受到法治作为精神的存在价值,也让自身体验着法治作为生活方式的重要价值。尤其重要的是在这种法治生活中他并不去干预别人的生活,他懂得尊重别人的人格。"独立人格意识的获得是人的现代化的重要标志。人在现实中不仅应能在生理水平上经验到自己肉体机能的存在,也不仅能在心理的水平上感知到自己精神活动的存在,而且更应该在实践理性的水平上自觉认识到自己的'社会联系'与'社会本质'。人格意识的实质就是自觉做人的意识,也就是以类生命为自我本质的意识。一个真正的现代人必须具有这样的意识。"[2]现代性法治尤其需要这样的意识,这是一种真正地实现了自身和社会整体的统一的意识。这种精神的根基在社会生活,正是在社会的各种活动和生活中,人们感受到了自身的尊严,也体会到了别人的尊严,懂得了把自己当人看,也把别人当人看的道理,明确了自己的个体存在与类的存在的内在关联,在精神上自觉地达到了自己与类的统一。具备了这种精神的主体必将会对现代性法治起到强有力的推动作用。人的自主性精神的培育是当代中国法治建设的重大任务,是社会主义法治建设的人学前提。

为了使我们的现代性法治更好地得以对象化,首先我们的国家和政府要采取

---

[1] 高清海:《新世纪:"人性革命"时代》,黑龙江教育出版社2004年版,第77页。

[2] 同上书,第77~78页。

一种积极主动的立场，有意识地以一种宽容的态度去培育社会的自主性。社会和国家不是对立的关系，而是一种对立统一的关系，在这种关系中国家和社会相辅相成，共同发展，同时一方又对另一方的发展具有一种平衡的作用，在久而久之的磨合过程中两者之间会达致一种有效的运行状态。国家对社会要采取一种宽容的态度，让社会生活中的主体能够彰显自身的自主性价值，形成一种较为合理的社会力量，这种力量可以以经济作为前提，也可以以知识作为前提。我们的国家具有崇高的包容性，能够包容社会的批评，鼓励社会自主性的日益生成。比如对于媒体的力量，媒体需要表达社会的声音，当然表达社会的声音并不与其代表的国家的声音相背离，因为社会和国家在本质上不存在冲突关系，生活在社会中的人民群众的利益与党及国家的利益是契合的，两者是内在的辩证关系。如果媒体没有自己的声音，党和国家无法了解社会的声音，而声音的无法传达必将对国家的全面建设产生消极的影响。正所谓未雨绸缪，而媒体恰恰能够以社会的姿态向国家传递市民社会的呼声和要求。当然媒体同时也是一种制约的力量，它制约政府的权力，迫使政府消除腐败，进而促进法治国家的完善和发展。当然我们也惊喜地看到，媒体作为国家和社会的中介桥梁，表达了社会的不同声音，这对长远的社会和谐与发展乃至对法治建设都起到了重要的作用。现代社会的媒介已经和过去有了很大的区别。媒体的经营化、市场化和自主化是媒介谋取自身独立发展的现实基础，而且现在也已经表现了强劲的势头，这种形势正在日益发展，媒介的社会化与民间化是社会成熟的一种表现。国家作为公共权力，要以一种包容的态度，接受媒介的监督，而包容精神正是社会主义法治国家的根本性精神，但媒体必须代表国家利益，在任何情况下都不能违背国家利益。国家的宽容和鼓励是培育社会走向成熟的关键途径，而至于社会自身的活动方式则在社会的发展过程中可以通过自我发展而得以完善。

国家和政府的包容是推动社会发展的重要力量，但这并不是说国家就不需要对社会进行引导和监督。国家作为一种自主性的主体往往有着清醒的意识，而当社会生活中出现了一些背离现代法治精神，尤其是背离现代法治自主性精神的时候，则国家一定要介入进行干涉，从而使社会生活在正确的轨道上不断走向成熟。比如，当行会组织不是为了本行业的整体利益和发展社会公共利益，而是为了某几个集团的利益而失去了行会组织的自主性和公共性的时候,则国家应该采取果断行为取消这种行会的合法性。个别地方的餐饮行业组织,他们有自己的行会,但这种行会有时被一些人所垄断,制定一些侵犯消费者权益的规则。如禁止消费者自带酒水,如果自带酒水则要收取开瓶费,而有的开瓶费甚至比自带酒水的价格都要高。这就是不成熟的行会组织,既缺乏社会生活的自主性,也不符合国家的法律法规,而仅仅是集团利益在作怪。在这种情况下国家和政府的引导和监督就是必要的,一旦这些组织的肆无忌惮得不到控制,那么将会使消费者的利益受到严重的损伤。国家的引导和监督始终应该保持一种尊重自主性完善和发展的立场,应该给社会生活以基础性的自由,在国家与社会的关系中形成一种协调发展的态势,这必将最终形成良好的社会生活状态,而一个成熟的社会必将有效促进中国法治的发展。

社会的成熟发展还是要在根本上仰仗于社会生活中每一个主体的觉醒,每个个体应该有意识地培育自身的自主性精神和主体自我意识。就时代发展的角度而言,自主性精神和主体自我意识的觉醒是在近代以降的社会中逐步生成的,它张扬了个人的价值和尊严。只有自主性的个体才可能真正成为对社会和国家的发展和完善做出卓越贡献的主体。当然,人的发展更应该走向一种类存在,"自觉的类主体,按照类本性的逻辑,在这个阶段里,人与自然、人与人、人与自我,都将实现本质性的统一体:这时的'人'即不再是超越个体生命至上、存在个人主体之外的那种大我,也不再是相互分裂、彼此对立的单子式的小我,而是分别普遍存在于每一个个体中而又把他们统一为一体的自觉的类存在。这里人人都是人格化的人,都是人的人格化身,每个人都是小我、大我、他我的统一体;人与人之间不再有'人'的分别,而只有个性的不同,也就是说他们在人格上是完全平等的,个性上是充分自由的。这时的每个人都已自觉为人,把个人存在纳入他人本质,也把他人纳入自己的本质,每个人都以人为自我主体的人的自为存在状态,如此等等"。[1] 这样的主体既是真正实现自身的主体,又是能够关注到整个类的存在的主体,当然也具有一种关注他人、尊重他人人格的品质。以这样的个体为主体

---

〔1〕 高清海:《新世纪:"人性革命"时代》,黑龙江教育出版社2004年版,第93~94页。

依赖,则社会便一定能够获得自主性的发展,同时也能够促进中国现代性法治建设的发展。

二、法治政府:规则与主体

法治政府建设的基础在规则,既包括国家权力机关为政府行为所创制的规则,也包括行政机构自身所创制的规则。规则不能停留在单纯的文本世界,而必须在法律实践中获得良好的贯彻,这就是规则之治的问题。无论是规则的制定,还是规则的执行,抑或规则的遵守,都是一个实践论的问题。因此,在我们对法治政府建设中的规则之治进行分析把握的过程中需要贯彻实践论的基本立场,而实践论是一种真正的辩证法精神,是马克思主义理论的重要组成部分。在实践论的视域下规则呈现一种动态的图景,从这样的规则图景中我们更容易发现和把握规则之治中的基本点和着重点,这样在法治政府建设中就会采取恰当合理的应对措施。

首先,要充分把握法治政府建设创制规则的边界问题。法治政府建设需要规则的引导,只有践行规则才能塑造良好的法治政府形象,这已经构成了法治政府建设中的基本共识。但同时我们要认识到,并不是所有的社会领域都需要法律规则,也不是所有的对象都适合于法律的规制。在人民群众的生活实践中,人们自然地养成了各种习性,这些习性自发地生成和维护着良好的社会秩序,这是法治秩序的基础性保障。如果对人们生活世界中的所有领域都加以规制,不仅会使得政府的工作手忙脚乱,还会破坏社会生活的固有秩序和协调机制。党中央在诸多重要文件中都强调了社会治理的重要意义,社会治理固然需要国家和政府的引导,但社会治理也同时明确了挖掘社会自身治理资源的重要价值,而党中央对自治的强调则更充分地表明了我们对法治建设认识的深化。党的十八届四中全会明确指出:“深化基层组织和部门、行业依法治理,支持各类社会主体自我约束、自我管理,使广大基层群众在自我管理、自我服务中增强法治意识和权利义务观念。发挥市民公约、乡规民约、行业规章、团体章程等社会规范在社会治理中的作用,涵养社会成员自我追求自由与约束、法力与有序相统一的内生动力。”而在党的十九届四中全会上则强调指出:“健全充满活力的基层群众自治制度。”这是新时代的人民自治,它是以人民群众为主体实现自我管理从而实现良好秩序的根本性保障,是党的群众路线在新时代的延续和发展。法治政府建设要充分认识和把握国家和政府所制定规则的边界,不要去过多干预人民群众自治而充满和谐的良好生活。尊重人民群众自我管理的各种生活形态,是法治政府建设创制规则所要坚持的重要原则,也是法治政府践行法治精神和实现规则之治的行动边界。

其次,要充分把握法治政府建设中规则的稳定性问题。合理的规则是法治政府行动的前提,也只有合理的规则才能更好地保持自身的稳定性。我们既要坚持创制规则的慎重态度,又要坚持规则的稳定性原则。法治必须能够满足人民群众的行动预期,这样人们才不会受到法律规则的牵累,从而始终保持一种良好的生活态度和稳定的生活状态。政府行为所面对的领域十分广泛,与人民群众打交道最多,因此与政府行为相关的规则影响面就大,这就需要相应机构在创制规则的过程中一定要保持良好的慎重态度。而一旦生成规则之后就要坚持规则的稳定性原则。当然,我们主张法治政府建设的稳定性原则,坚持把人民群众的稳定性生活作为法治政府建设的重要维度。法治国家、法治政府和法治社会的根基都在人民群众的生活世界当中,生活的稳定性与法治的稳定性是内在统一的,这同样是人民群众所向往的美好生活的重要组成部分。

最后,要充分把握法治政府建设中规则之治中“人的建设”的重要性。法治政府建设需要以规则为先导,然而规则总是由人操作的,法治本身是“主体的实践”,而在“主体的实践”中人始终都是在场的,这自然可以逻辑地得出“人的建设”在法治政府建设中重要性的结论。孟子说:“徒法不能以自行。”[1]荀子又讲:“有治人,无治法。”[2]这充分说明了法律实践和法治建设中“人的在场”。既然人作为主体不能缺席,那法治政府建设就必须充分重视“人的建设”。习近平同志强调,“要坚持建设德才兼备的高素质法治工作队伍”,“要坚持抓住领导干部这个‘关键少数’”,这两个重要判断是习近平法治思想的重要组成部分,充分体现了“人的建设”在法治建设中的重要地位。法治政府建设是法治建设的有机组成部分和内在

〔1〕《孟子·离娄上》。
〔2〕《荀子·君道》。

环节，同样要认识到“人的建设”的重要意义。各级政府工作人员数量庞大，他们要负责解释和落实各类规则，要与人民群众打交道，他们的素质直接影响着规则的实现和政府在人民群众中的良好形象，打造一支德才兼备的法治政府工作队伍是有效推进法治政府建设的主体保障。而“领导干部这个‘关键少数’”同时在法治政府建设中发挥着重要作用，领导干部的法治观念对法治政府建设至关重要，因此强化领导干部对法治内在规定性的充分理解是政府行为合法化、合理化的导引性力量。

法治政府建设要坚持规则之治的基本原理，认真把握规则之治的运行机理，充分认识规则之治的内在规定性，在此基础上强调一种践行的精神，从而在具体实践中真正实现“良法善治”。法治政府建设不能单纯地停留在文本世界的构造当中，而必须强化规则的践行与落实。法治政府建设是法治实践的一种样态，政府的行动既要坚持实践精神，又要明确“有所为而有所不为”的行动尺度。作为一种主体的实践，法治政府建设同时包含了“人的建设”，这预示着“人法兼重”“德法并用”的重要意义。

法治的运行不可能离开人的主体性参与，政府工作人员可以说是法治运行中的“普遍阶层”，其素养对法治政府建设和整体性法治建设产生重要的影响。素养的概念自然包含了多重维度，实践智慧应该是规则操作者的重要品质，它意味着“慎思明辨”“明智的判断力”，而在特定场域下对问题的恰当解决则是实践智慧的自然表达。公务人员作为掌管着普遍性运用的群体，必须能够有效地实现普遍性与特殊性的视域融合，解决其所面对的各种问题。这自然是一种素养，实践智慧是公务人员素养的综合性体现，是政府权力运行合理化与合法化的基本保障。当然，对于公务人员而言仅仅拥有实践智慧还是不够的，他们需要有一个强大的精神世界，而这种精神则应当是现代性精神。

公务人员精神素养的塑造涉及多个方面，不仅要学会尊重人，还要具备一种现代性的价值理念，更要具备一种公共意识。尤其重要的是在法治社会中没有公共意识就可能为自己谋取私利，这为法治社会所不容。总之，现代公务人员应该成为一个现代的人，甚至可以说是完成自身“人的现代化”转化。他们若是做不到自身的现代化，则也难以实现现代性法治。所谓的人的现代化所表明的是：“人的现时的生存方式将与过去不一样,人的心理、观念、行为、态度等将注入种种‘现代性’而与昨天不同。这种变化或转变说到底就是人的历史形态的变迁,是人的生存方式和发展状态的历史转型。”[1]而这种现代的人的现代性其实就是人格的独立发展,人不能成为依附的人,依附的人没有人格的独立,也不会在自己的工作中真正地发挥其独立性的人格价值,一切皆为顺从,而顺从并不是法治国家的本色。对于现代性人格的追求应该是我们的一个必须完成的任务,这是中国实现法治国家所必备的人学前提。无论这种理想多么艰难,也应该成为我们努力的方向。中国法治现代化需要人的现代化,而首先国家公务人员要做到自身的现代化,他们应该以这种观念健全和发展自身,这样才可能算是一个引领时代风尚的优秀的国家公务人员,这样的人也必将真正促进中国法治的进步与发展。

三、公民意识:现代性法治的内在基础

在现代性法治状态下,公民是一个自由的概念,平等的概念,它扫除了既往的奴隶意识,而让人真正地走向了独立。公民不仅获得了一种平等的身份,而且彰显了自身的人格魅力。公民再也不是一个任人驱逐的臣民,而是一个充满着主体创造性的人格的存在。公民意识作为一种独立主体的人格意识,它并不排除国家意识,实际上在法治国家中公民意识在很大程度上意味着一种个体对国家的责任,[2]没有这种国家意识,也同样没有优良的公民意识。在现代性法治国家中,公民作为一个主体抛弃了既往的被动性状态,而真正走向了自在自为的有机统一的美好状态。公民意识的养就将是建设现代性法治国家的根本保障。

(一)公民意识的自主性与法治

公民意识包含众多的内容,而它的任何一个方面都会对法治国家的建设起到

[1] 高清海:《新世纪:“人性革命”时代》,黑龙江教育出版社2004年版,第73页。

[2] 当然这里所谓的责任不单纯是个体对国家的责任,同时也意味着对他者的责任。公民意识属于主体自我意识,乃是一种自由的精神的体现,但自由本身就意味着一种责任,没有责任就没有真正的自由,主体意识的觉醒恰恰是一种责任承担的崇高。这里也一直在强调人格的尊严,然而真正的人格的确立一定是与责任联系到一起的,一个没有责任感的人是不可能真正获得自身的人格的。一个人体的成熟的标识就在于真正地在行动中把握了自由与责任,是用行动践行了自由与责任,于是我们说,他真正地占有了自身,公民是一个能让自己占有自己的个体,尊严也正是从其中生成的。

一种良好的促进作用。在现代社会中,公民作为个体不仅仅是一个独立的单元,而且也与国家的命运息息相通。公民意识作为一种现代性国家所不可缺少的人类精神,它的内容是多方面的,但对于现代法治国家的建设最为关键的则是守法意识、主体性意识和国家意识。

在现代性法治国家中,公民的守法意识不是被动的守法意识,而是一种积极主动的守法意识,是一种公民自身真正意识到法本身对自己及集团的价值从而自觉维护法律的尊严,在法治生活中达到一种和谐状态的守法意识。这样的守法意识充满着主动性的精神魅力,它是一种发自内心的遵守法律的意识和观念,是人的自律性价值和自律性意识在法治运行过程中的体现和表达。按照亚里士多德的法治理论,法治包含了人们普遍遵守法律的意向,如果法律得不到遵守,那么法治就不可能实现。现代性法治是一种自主性的法治,自主性的法治必然要求自主地遵守法律。公民主动性的守法意识恰恰契合了现代法治的自主性精神,也许在主动性守法意识的不断实践中最终会形成一种身体习性式遵守法律的行为方式。

在现代法治国家中,公民的主体性意识是一种自律性的内在表达,无论是对于法律的遵守,还是争取自身的权利,抑或为国家去承担应尽的责任和义务,其间均充满了主体性的精神魅力。这种法律意识处在一种主动展开的状态中,它不仅让人本身的价值获得了实现,更为重要的是它在法律运行的每个环节都有助于真正法治的生成和建立。主体性意识不是一种被动屈从的意识,而是一种积极拓新的意识状态,是一个人要展现自身价值和尊严的思想方式,这种思想方式会造就行为方式的巨大变化。“有目的的法律行为完全蕴涵在人的精神自我意识里,蕴涵在他的个人精神尊严感里。正是在这一基础上,也只能是在这一基础上,才会形成那种将永远是社会和国家生活的真正缔造者和建设者的公民性格。”〔1〕这就是一种主体性的意识,是每个现代法治的追寻者所应当主动培育的一种法律精神。“一个公民,如果他拥有成熟的精神自我意识,就会理解和阐明自己的主体法律地位的全部因素:自己的全部权利、义务和禁忌。”〔2〕意识是人的存在的根本,

---

〔1〕［俄］伊林:《法律意识的实质》,徐晓晴译,清华大学出版社2005年版,第149页。
〔2〕同上书,第150页。

公民意识是公民思想和行动的重要前提，有什么样的公民意识将造就与此相应的公民行动。但主体性的公民意识并没有使公民仅仅局限在个人的狭隘利益当中，那样的公民意识不会对法治有重要的推动作用。真正的公民意识也必然强烈地要求过一种自主性的与他人的生活相契合的生活方式，而这正是法治所必然要求的品质。“人不可能在地球上生活却不进入与他人的关系之中：这是由人的出身和教养决定的，并由经济需求的发展和人口的增长确定的。但与此同时，人如果不关注他人的心理结构，也不可能建立自己与他人的关系。人的任务并不在于避免这些关系，而在于保证它们具有精神的和具体的应有水平。为此，人必须要做的，恰恰是关注他人的精神构成，要唤起它，影响它，依靠它，并以此组织共同生活。”[1]共同的生活并不背离法治的精神，也不与公民个体的本性冲突，而是一种真正的法治精神。

公民作为个体，既然要过一种公共的生活，那就必然趋向于社会，乃至趋向于国家，因此在现代法治国家中的公民意识中必然充分地表现国家意识的观念。如果公民意识中没有国家意识，那么公民自身就不可能真正地获得认同，个体的人将紧紧局限在狭隘的自我之中，而无法走向更为广阔的天地，也在根本上无法造就真正意义上的法治国家。法治国家的建立必须要求公民意识中充满着国家意识，并对国家有一种强烈的责任感，这同时是一种公共的精神，是一种可以造就真正的现代法治生活的基本意向。在一个国家的公民意识当中，如果没有国家意识和国家责任，我们可以断定就根本不会有法治国家形成的任何希望，国家意识永远是法治国家建设中对公民个体的基本要求。国家意识是要把公民个体的权利与国家的整体性价值结合到一起加以把握的意识，这种意识既保留了公民个人的尊严和价值，同时又体现了国家的基本意向。在任何时候，我们都要认识到并且要真诚地相信，没有公民国家意识的发展和完善，就不可能有法治国家的发展，法治国家的概念本身就意味着公民个体的国家责任。

意识是相对独立的。甚至在一定意义上看，意识是一种人的本质性存在，人就是意识的存在，意识决定了人的风貌，决定了人的行为方式，而正是这样的行为

---

〔1〕［俄］伊林：《法律意识的实质》，徐晓晴译，清华大学出版社2005年版，第191页。

方式决定了一个民族是否能够真正建设成功现代性法治国家。现代公民意识自身内在地蕴含了一种自主性的崇高价值，意识的自主性对于法治国家是异常重要的。现代性法治是一种自主性法治，是个体的真正解放，自主性法治与马克思对个体自由与社会的理解是相通的，自主性法治同时也意味着个体的觉醒，个体的觉醒同时内在蕴含了责任。自由与责任的内在统一是现代性法治的内在逻辑，缺乏国家和社会承担的公民并不真正拥有现代性的公民意识，一个只懂得关心自我利益的公民并不是法治国家的适格主体，法治"国家"必然内在地要求公民的"国家"责任。

（二）当代公民意识的基本状态

人总是要有理想的，他也总是满怀建构的期待，公民意识的自主性当然蕴含了一种追求、希望和建构。但是当代中国的公民意识中还缺乏自主性，〔1〕缺乏主动性，缺乏一种强烈的责任感，这些都是法治国家建设的不利因素。我们已经明确了法治国家中公民意识自主性的伟大价值和国家意识（责任）的法治作用，而同时也应该明确公民意识距离法治国家的意识基础性要求还有很大差距，这是需要在今后的法治建设过程中认真注意的问题。〔2〕 过去人们总是去关注一些理论的建设，或者是法律文本的建设，而忽略了公民意识的建设。公民意识的有无以及意识的基本状态在某种程度上决定了一个法治国家的可能性。

一个人也许做到了遵守法律，但其遵守法律的行为中并没有一种内在的精神意识，也缺乏一种自我主体意识的觉醒，而是处在一种自在的状态之中，难以获得自主性的卓越价值。也许一个人知道自己拥有很多权利，但对权利的意识并没有根植于一种人格的精神之中，更匮乏一种对于"人本身尊严"的崇高认可。也许一个人经常在口头上宣讲某种精神和责任，但他并没有意识到意识和责任到底意味着什么。当下公民意识中的法律意识不是一种和公民自身的尊严密切联系的意识，而仅仅是一种外在的意识。以个体尊严为基础的权利意识的匮乏会加剧利己

〔1〕 这里需要明确一个问题，即公民意识的自主性落实到法治意识当中并不意味着"打官司"的任意性，我们强调主动性不是要让人们积极主动地去"打官司"，那与法治精神没有任何内在的关联，而仅仅是一种法治的虚假表现。

〔2〕 在当代中国法治建设中，人们更喜欢通过建构制度的方式去谋划法。制度固然重要，但若缺失了观念的途径，则法治便是不可能的。生活的自由与责任并不会因为规则的建构就当然地获得。

主义的泛滥,公民个体意识的伟大精神并不是自私自利,而是要与社会和国家的命运紧紧地联系在一起。

在传统中国社会中,人们有家的观念,也具有一种天下观念,但相对缺乏国家观念。一直到今天,在人们内在世界中的国家观念和国家责任还是不够强烈,它可能抑制法治国家的发展。公民意识中公共精神的缺乏是传统小农经济和控御型政治统治模式的自然结果,当然也和儒家意识形态的家族化密切相关。小农经济使人们只看重自己的那份利益。家族观念的放大使民众不愿意去承担家族之外的公共责任,一旦出现一个有爱国责任的人就大书特书,更为广泛的民众陷入缺乏公共价值关怀的自我利益之享受当中。传统控御型政治难以让人们在政治法律社会的运行中充分感受到自己的尊严和权利,于是对国家也难以发自内心地养就一种信仰的心态。当代中国法治运行中公民之国家意识和国家责任的匮乏导致了很多问题,我们能够看到在现代社会中很多人本着一种"天下的观念"走遍四方,[1]到处移民。也可以看到个别人侵犯国家利益。因此,我们必须既充分培育人们的个体权利观念的法律意识,又积极培育人们的国家责任意识,只有这样才可能真正建设成功现代性法治国家。

(三)公民意识:个体精神的觉醒

公民意识的培养如同道德的培养一样,是不可以采取灌输式的培育方式的,最为根本而有效的方式是由公民个人积极主动地从自身的观念中养就现代公民意识。这样说好像是一种废话,但是却是最为根本性的路径,因为采取其他任何方式在归根到底的意义上都是一种外在论的方式,而不可能取得良好的效果。当然,公民意识的养就需要一定的条件,而不是公民个人的一种随意行为就可以达到的。这种条件也可以看作是良好的文化生态环境,一种精神的培育总是与一个共同体的文化风貌关联在一起的,尤其是自主性的公民意识的养就是不能离开文化生态环境的。

公民培养自身的意识结构,一定要注意把自我意识的培养与社会意识乃至国

---

〔1〕 中国人的"四海为家"是一种天下观念的世俗化表达,尽管我们有着浓厚的乡土情结和家族观念,但当"天下""四海""五湖"可以为家的时候,乡土情结也会在实用理性的支配下发生改变,于是形成新的乡土。

家意识的培养有机地结合到一起。个人意识从来就不是孤立的状态,而是充满着对于社会和国家命运的关怀。“在我们今天的生活中,已经有越来越广大的领域不再属于国家生活范围,变成纯属私人生活和公共社会生活的领域。由于在我国社会和国家长期结合为一体的这种历史情况,造成人们把‘社会’也看作某种特殊的利益主体,甚至独立的人格实体,而同个人完全对立起来;与此相适应,人们对自己也只能长期保持‘臣民’的观念,很难建立起现代‘社会公民’的意识。社会实体化的观念,在这一意义上实质就是社会‘国家化’的观念。缺乏‘社会’意识,自然也就缺乏独立的人格意识、自主意识、法律意识、平等意识及权利和义务意识,难以摆脱渴望清官、企望救星的‘子民’意识。”[1]但这种社会意识的培养实际上有赖于市民社会的水平提升,在一种小农经济的社会状态基础上难以产生真正的社会意识观念,也难以培育包含了社会意识在内的公民个人意识。个人与社会是无法完全分割的,它们内在地构成一个有机的统一体,一个缺乏对公共生活关怀的人不可能培养自身的个人主体意识。中国当下应该说具备了一定的市民社会条件,而这种条件还需要不断地发展和完善。当然,主体的自觉在培养公民意识方面将发挥着重要作用,没有良好的主体精神介入,也不可能真正造就公民意识的自主性。

公民意识的培养中还包括公民个体对于国家的意识观念的变化,公民的国家意识不是对于国家的盲目崇拜,而是对于国家的一种强大的责任感,这种责任感是一种觉醒了的国家意识,在这种责任感中个人与国家实现了有机的统一。但同时当代公民在培养自身的国家意识的时候,一定要谨记国家意识不是缺乏个人主体意识的国家意识,在这种国家意识的培养和塑造过程中,自然也有着个人与国家的适度“距离”,这不仅不会削弱国家责任感,反而会强化国家责任感。“由于我国的历史情况,社会肌体发育不全,个人缺乏自主观念,造成社会高度国家化,以致国家不但要包揽社会,社会的一切依赖政府,连企业、学校也都要同时兼办‘社会’。”[2]所以在现代公民意识中,国家不是一个包揽一切的主体,而是与社会以

〔1〕 高清海:《新世纪:“人性革命”时代》,黑龙江教育出版社2004年版,第170~171页。
〔2〕 同上书,第170页。

及个人都保持着适度距离的主体存在。区分国家与社会,也就是区分了国家与个人,而公民的卓越的国家观念正是在这种区分中才得以真正地建立。如果不懂得它们之间的区分,那就不可能真正地建立起现代公民意识。在国家与社会、个人混沌不分的意识观念的引导下,只能产生公民的懒惰和不负责任的心态和观念,公民也就难以真正培养出国家的精神观念和社会的公共精神,公民意识将永远处于一种自在的状态,而不是自为的状态,那样公民意识将始终停留于自发的状态,而缺乏真正的现代精神理念。

公民个体意识是一种主体自我意识,是一种人格独立意识,是一种基于自由的责任意识。正是这样的个体意识对现代法治具有重要的滋养价值,国家法治的发展不是要泯灭个体的尊严和价值,而正是为了保护个体自由的秩序状态。公民个体精神的养就或者可以通过思想与文化的训练而获得,但从根本上说整体的个体意识的觉醒有赖于市民社会的成熟与发展,真正的自由与人格价值观念的生成正是市民社会发展的结果。在市民社会基础上发展的个体精神会与国家之间形成一种平衡,国家权力的扩张性会受到各方面的限制,这种平衡的理念和制约的机理正是法治国家之所必须。这种思想原理内在地蕴含于马克思的基本原理当中,这里的"人的觉醒"不是抽象的"人的精神觉醒",不是作为"唯一者"的人的觉醒,而是作为现实的、历史的"个体的精神觉醒"。公民个体精神的觉醒意味着尊重自我,又尊重他者,同时又要敢于承担国家责任。这样的个体本就是历史的存在,在历史实践的发展过程中,个体的人将真正地把自由与责任统一到一起,在法治国家的进程中确立自身的存在,赋予法治国家鲜明的精神属性。一部历史是人类精神的发展过程,这是马克思主义的重要理论,而按照马克思主义的理论,人类历史的发展就是个体不断觉醒及人的独立和自由日益充实的历史,而在共产主义社会中人真正地占有了自身,人便真正占有了自由。马克思主义的这一重要思想原理需要我们认真对待。

第三节　道德涵养法治的方式

德治在中国是一种传统,不仅存在于历史的文本与历史连续性发展的过程当中,并且还存在于人们的文化心理结构当中,这就决定了法治中国的现代谋划也不可能离开德治的维度去加以考量,德治作为一种传统对现代法治同样具备培育涵养的功能。德治的概念是道德在国家治理中作用方式的思想概括,是道德在国家政治法律运行中自我展现且谋求国家治理合理化的思想维度。在中国传统社会中,道德在国家治理中发挥了重要的作用,道德化思维已经渗透到了人们的观念和行动当中,对社会生活中诸多问题的考量方案也往往从道德的维度加以合理化,即便是日常生活的琐事好像也可以具有一种良好的道德内涵。传统社会中道德作用于法治的方式是多种多样的,在当时的社会结构当中基本上都是合理的,即便是具体法律情境中的道德决策也往往会受到人们的赞美。在一个具有优良道德传统的国度谋划国家治理的事业,自然是不能离开道德的治理维度的,法治事业的提升也需要考虑道德的切入。用道德涵养法治,乃是法治中国谋划所必须认真对待的问题。

一、追寻美德与法治涵养的提升

在传统中国,道德在法治中发挥作用的方式往往要借助于“人”,也就是那些法治操作者。按照传统儒学的经典描述和官箴文化的记载,为官之人都需要有良好的道德修养,道德上不称职的人在理论上是不能为官的。这自然是一种德治的维度,也是一种“人治”的维度,德治和“人治”在传统中国人的学术谱系中绝对是不可能相互分离的,它们本身就是内在统一的。按照人们的习惯理解,好像把德治与法治联系到一起考虑问题,尚且不会令人去质疑其合理性,但若将“人治”与法治结合到一起去思考的话,则往往被人们所反对,然而在传统中国人那里法治本就不是与人治相分离的。法治与“人治”的内在统一自然要求德治融入法治当中,用道德涵养法治的德性。当荀子说“有治人,无治法”的时候,这位伟大的思想家应该对法治与“人治”的融合有着深切的体会,他当是深刻地明晰法治中“人治”维度的重要价值。这种“人治”在儒家的思想视野中,自然是与美好的道德追寻密切相连的,传统中国所谓的“人治”并不是任意性和专断性的,恰恰是法治对人的道德需求,乃至包含了法治对人的能力与智慧的需求。

传统中国的德治实际上包含着一种“限权”的思想,只不过它不是运用权力去限制权力,而是运用道德去限制权力。这种限制在传统中国是相当重要的,尽管也会出现诸多问题,但在中国历史发展过程中无疑发挥了重要的积极价值。儒家伦理学追求的是一种内在论的修养路径,但它的终极关怀却并不是个人,而是具有一种天下情怀。这种“内圣外王”的思想路径具有深刻的政治哲学意蕴,这可以被看作是用道德涵养政治,用道德培育法治,用道德构造社会的伦理路径。这种德治的路径在今天值得认真对待。法治的运行也忽略了德治谋划的基本进路,一旦法治缺失了道德的涵养,则法治的精神就会逐步地沦落。当法治的运行中所剩下的仅仅是空洞的法律条文的时候,则无论如何都不可能把中国建设成为真正的法治国家。

在现代中国的话语体系中,“人治”是一个坏的概念,但这个概念并不具有符合事实的真理效应,仅仅是一种语言世界中的想象,一旦想象代替了事实,那就只有所谓人造的真理了。中国历史上并没有“人治”的概念,也没有“人治”的事实,它所有的只是“贤人之治”,而“贤人之治”必然意味着德治,逃离了传统的语境我们便无法真正地理解德治与“贤人之治”,自然也就难以真正理解道德对法治的涵养功夫。正是在传统德治与“贤人之治”的语境下,法律的运行才有了良好的主体介入。传统立法的背后是一些真正的儒者,传统司法的运行自然也是儒者在推动着其合理化的演化与发展,离开了人以及人的道德,传统法治就不会呈现涵养人性的整体风貌,这正是道德对法治的涵养功夫。

道德对法治的涵养要通过塑造法律人品质的方式加以实现。其实不仅是法律人,凡是与法律运行相关的一切主体都有一个道德境界的问题,当然更为根本的涵养功夫实际上还是在为官者,这与传统的“德治”路径是相契合的。只有那些操纵着法律运行权力的人具备美好的道德,并且能够持续地追寻美德,法治的运行才可能表现出良好的道德合理性价值。倘若我们的为官者道德败坏,则无论如何都难以真正构建一个法治国家。“贤人之治”与“德治”是中国传统法治资源中优良的政治哲学资源,是一种历史传到今天依然在控制着人们的思维观念世界的元素。即便今天创设了再多的规则,在中国文化的语境中倘若缺失了人及其品质的完善,都不可能实现法治运行的公平正义。

其实任何国家的法治谋划都不可能离开道德的维度,都不可能离开在道德涵养下所造就的法治操作者。好的规则会造就美德,同样美好的道德也会涵养制度规则的品质。中国的法治谋划不能离开道德的维度,这既是传统政治哲学的塑造,也是当代中国法治运行的需求。为了法治国家的发展与完善,我们应该从道德的维度涵养法治的品质。这就需要把好选人和用人关,这话说着容易做着难,但无论再难都必须坚持道德选人的谋划路径,否则即便制定出完美如画的法律规则,也不可能通过法律规则的推动实现真正意义上的法治国家。人的道德境界的提升是一个长功夫,法治国家的谋划更是一个系统工程,因此提升教育的道德内涵、文化品质和思想深度对中国法治建设都是至关重要的。

二、道德法律化与法治的道德合理性

在传统中国道德向法律的进军主要是通过“引礼入律”的方式实现的,在这个过程中,法律同时由于礼义道德的渗透而获得了自身的合理性依托。传统中国实际流动的法治类型在总体上可以被解读为“儒法法治类型”,也就是说它是由儒家和法家共同塑造的结果。但儒家与法家对传统法治影响的侧面是有差异的,儒家主要影响的是法律的内容,法家所影响和构造的乃是法律的形式。正是由于儒家伦理道德构造了法律的内容,使得古代社会的法律原则与规范都呈现了道德化的烙印,从而在内容上实现了整体上的儒家化。在传统社会,从某种意义上讲儒家化就意味着合理化,古代法治的道德合理性不仅可以从儒家经典上找到自身良好的依托,并且在实际流动的社会结构中也有良好的存在依据,这明确表征了传统法治的道德合理性价值,这自然与儒家伦理道德不容置疑的存在合理性是息息相关的。

当代中国也存在一个道德法律化的问题,这也可以被看作是德治实现自身并与法治融合的重要方式。应该说,现代法治本身就是蕴含着道德元素的,并且在很多方面都有着鲜明的表征。我们可以以民法为例对这个问题进行分析,只要我们看看民法的若干基本原则,就可以感受到民法之道德合理性基础的重要性,无论是诚实信用还是公序良俗抑或是公平平等的价值,在本质上都是道德的,人类社会是在不断自我演化过程中形成了这样的道德意向,而法律乃是将这些道德意向明确表达的载体。当然这些道德原则也因为法律的介入获得了一种更加具有可操作性的价值。即便是刑法这样的惩罚性法律规范体系,在根本上也具有一种道德合理性,毋庸说刑法设计的基本结构乃是正义价值的根本表现,即便是严厉的惩罚也往往体现了人们的道德直观,更何况在刑法中还表达了充满道德自主性价值的精神世界。

在现代社会中谈论法律道德化或道德法律化,不能单纯地从实体性的角度进行论证,还必须从程序性的角度加以理解。也就是说道德向法律的渗透不仅仅是向实体性的法律规范的渗透,还必须让法律具备内在道德的价值。法律应该具有法之所以为法的道德品质,这些道德品质可以看作法律的内在道德,这是法的形式化道德。如稳定性、确定性、可操作性、普遍性、公开性等,都可以看作是法之所以为法的道德,其所蕴含的内在价值赋予了法律以内在规定性。法律的内在道德价值是法本身所固有的属性,它甚至决定了法治的成败局势,法所具有的审美价值要以其内在价值为基础。这种道德的法律化同样赋予了法治以美好的道德涵养。

法律的道德化为法治本身确立了良好的价值合理性,但道德法律化的过程并不是一个可以随意地将任何道德都加以法律化的过程。道德本身也是可以分为不同层次的,底线道德大抵都是可以法律化的,因为底线道德多数都是可操作的,可操作性的道德在法治运行中自然也可以获得更好的对象化效果,但愿望道德或者说美好道德则并不是可以完全法律化的。如法律永远都不能制定"每个人都要像雷锋那样行动"的规范,否则不仅会导致法律的不可操作,并且在根本上也是对道德的损伤。一旦将一种不可操作的道德法律化则往往会导致道德的虚伪化,当道德世界出现了虚伪状况的时候,无论怎样都不会促进真正美好的道德的提升。

每个时代的道德都是有差异的,因此不同时代法律中所蕴含的道德内容也是不相同的。传统中国法治的道德合理性在于其深厚的儒家伦理传统。现代社会也有着自身的道德特殊性,今天当然不可能将儒家伦理作为向法律渗透的道德主导,当代法治所依赖的道德是现代性道德,这是与自由、平等、正义等内在契合的道德系统,它是今天的法治可以被称为现代性法治的价值基础。中国现代法治的构建当以社会主义核心价值观为基础,这是现代法治的精神与灵魂。但是我们也应该看到,尽管当代中国的法治谋划在总体上不可能将传统的儒家伦理道德纳入自身的规范体系中，但一些重要的儒家伦理道德依然可以在法治运行中发挥良好的作用。如忠诚、孝顺、诚信等重要的道德原则都可以构成当代中国法治的道德合理性基础，但在总体上当代法治的道德合理性乃是一种自主性的道德价值的体现和表达。

三、道德的介入与法治的情境智慧

在法治的具体运行过程中，普遍的法律规则固然发挥着重要的价值，但规则本身并不能完全地与社会保持一种合理性的同构关系，于是在具体的法律决策过程中往往会使用法律规则之外的诸多元素，这些元素的运用非但不会使得决策丧失合法性，恰恰由于它与生活世界保持了高度一致性，从而使得它不仅具备了良好的合理性价值，并且其合法性也不会受到质疑。古今中外，法律的具体操作都不是在真空中进行的，即便在某些时代会出现法条主义泛滥的现象，但在总体上由于生活世界的价值关怀对人而言的重要性价值，会使得人们在对法条主义的反思与批判中重新认可价值元素的重要意义。这些价值元素就是生活世界的道德原则、规范和意向，它在法律决策的具体情境中发挥着合理化的功能，这是值得我们认真对待的法治运行特质。

传统中国的法律决策高度弘扬了道德化论证的价值。原本依据法典可以作出的司法决策，古代法官们却采取了绕开法律文本的方式。他们径直从儒家的伦理道德出发对司法案件作出符合价值合理性的判决结论。这是一种处理具体问题的智慧，而处理具体问题的智慧所采取的模式则是道德化的思想路径，道德化路径本身则是法治合理性的自然选择，尤其在传统中国语境中道德化选择既符合意识形态的要求，也契合社会结构的需要，并且还保持着在总体上与法律精神的高度一致性，于是这样的道德化决策方略就成了古代法官进行司法决策的自然选择。儒家伦理道德向具体法律决策的渗透体现了古代司法行为的实践智慧，这种以道德为基础的实践智慧孕育了传统法治的精神理念，发挥着涵养法治的功能。

现代法治运行中具体问题的解决，更多地被法条主义所浸染。法条主义过度依赖法律规则世界，缺乏对生活世界的整体性考量。法条主义者除了规则之外不愿意承认对法律有价值的社会元素。法条本身并不当然地就是法，法包含着比法条远为丰富的内容,其中一个重要的内容就是道德元素,道德元素向法律决策的渗透应该是现代中国法治运行中具体智慧的表达,但在实际上的法律运行中人们还没有形成这样的习惯性观念,于是道德在具体法律运行中往往处于缺席的状态。然而这并不是绝对的,我们依然有一些法官能够以其对道德价值世界的深刻理解在司法决策中贯彻时代的道德精神,从而使法治的运行保持与时代精神的一致性。在法治运行的具体情境中,真正的道德介入乃是一种实践智慧的表征,而法正是在普遍与具体之间的实践智慧,道德本身的情境性特质也有助于道德向法治具体情境的渗透并推动具体法治的合理化,从而使具体问题的解决表现出实践合理性的基本特质。

第四章　基于实践立场的法治理论

在当代中国法治发展过程中，我们不仅应该形成自身的立场、观点和态度，也应该生成一种契合于中国传统和当下中国法律实践的法治理论。任何理论的架构都不能离开一个民族自身的传统，这就要求我们必须深入到对传统的体悟和解读当中，真正把握传统的内在精神和运行机理。传统是向着实践的展开，认真对待传统意味着真切地把握当下的实践。当代中国的法治实践充满了复杂性，各种元素在其中扮演着独特的功能，我们需要在深入透彻把握法治实践运行机理的基础上，使我们关于法治的各种思想具备良好的实践合理性，以此为基础将生成实践主义的法治理论。在此对法治理论的探讨算是一个初步的尝试，还需要不断地完善和发展，但这里的立场是明确的，即法律实践主义的基本立场，它坚持了实践主义的世界观。思想的理论前提决定了思考的结论。坚持唯心主义和唯物主义不同前提的思考结果定然是相异的，马克思主义的思想前提是实践主义，它克服了以往世界观的两极对立，真正实现了一种思维方式的革命。这是一种契合于法治实践的理论立场，用时下比较频繁使用的一个词语就叫作“范式”，因此或可称其为实践范式下的法治理论。

第一节　法治发展的实践立场

我们需要深入生活实践中勘察法治发展中的问题，这样我们就会看到人们的观念意识、实际的权力运行状况等，这都构成了当代中国法治进程中需要加以解决的问题。而这些问题的解决理应在理论上采取一种实践法哲学的立场，在实践上采取一种有所作为的态度。[1] 我们应积极主动地推动每个事件的发展,在行动中逐步完善法治,解决法治运行中的具体问题依然是我们应该坚持的基本方略。

一、实践主义立场:法治是一种行动

作为人类一定都是有理想的,而以公共权力为基础的法治推进路径恰恰反映了人们的理想。现实是有限的,人们为了克服这种有限性,就必然要用一种理想设计的方式解决我们所面对的各种问题。但是问题的关键在于这种理想是否合理,以及这种理想是否具有现实的可能性,而在具有了现实的可能性的基础上如何谋划实现理想的策略,这些都是实践法哲学所需要思考的问题。

人类的存在是现实性与理想性的统一,没有谁对他当下的存在状况完全满足,他必然希望通过对于无限性的追求克服自身的有限性。“人类生存中这种有限性与理想性之间的张力或矛盾便不可避免地构成了人类生存中最为根本性的矛盾。一方面,现实的人类不可能摆脱有限性,否则,人将超越而为神类;另一方面,人也不可能无理想地生活着,否则,人将回归为普通生物,无异于禽兽。人类无可避免地要在这一矛盾中生存,因而这一矛盾也就构成了人类的本质。而且,人之为人,正在于他具有这样的矛盾,能够把这一矛盾包容于自身之内。如果人不具有这一矛盾,不能把这一矛盾包容于自身之内,人的独特本质也就丧失了。立足于现实世界而追求理想世界,要把理想中的天堂建造于大地之上,似乎构成了人的使命。人要作为人而存在就不能不以此使命为天职,不能不永恒地在大地上追求和劳作。而这一追求和劳作的持续,也就构成了人类的历史。”[2] 人的理想性决定了人必须要设计,通过设计来实现自身的理想。在法治问题上,我们也

〔1〕 当然,我们在法治行动中也要懂得“有所为有所不为”的道理,恰当场景下的无为恰恰更符合法治的精神。《老子》第五十八章王弼作注曰:“言善治政者,无形、无名、无事、无政可举,闷闷然,卒至于大治,故曰其政闷闷也。其民无所争竞,宽大淳淳,故曰其民淳淳也。”又曰:“立刑名,明赏罚,以检奸伪,故曰其政察察也。殊类分析,民怀争竞,故曰其民缺缺。”此种立场对于法治建设是至关重要的,其间蕴含了与自由主义的相通之处,笔者认为尤其与诺齐克等人较为契合。对法治建设而言,无论东西,都是要有一个无为主义立场的。这应该算是一个法治背后的政治哲学的问题,善治法学者也同样需要一个政治哲学的基本立场。

〔2〕 王南湜、谢永康:《后主体性哲学的视域——马克思唯物主义的当代阐释》,中国人民大学出版社2004年版,第272页。

需要设计,实践法哲学并不会因为强调实践就忽略或否定设计的理念,设计是人类在现实的实践合理性基础之上对于未来的一种规划,它理应能够从人们的生活世界中找到合理的根基。

我们正在建设社会主义法治,这是以一系列的现代性价值理念为基础的法治。现代性法治是我们的一种基本规划,但这种规划是否具有现实的合理性,可以从我们生活世界的现实运行基础去分析。在现实的社会流动之中,具备了自由平等民主人权等价值理念存在的现实基础,这来自经济文明的自主性,来自商业文明的独立性,这些价值理念正是在社会活动的基础上才被人们逐步认识,并设计为一种理想观念。

明确了法治之路的设计,那么我们就必须去行动。实践法哲学不是要让法律的发展以及法治的建设仅仅停留在人们的头脑之中,而是要在实践的流动过程中使法律以及法治都获得不断的发展。法律的进步、法治的实现都只能是一个过程,一个行动的过程。所以,在这个意义上说,法治是一种行动,法治只有在行动中才可能最终建设成功,当然即使成功了也必然有一个在实践中继续完善和发展的问题。法治是一种行动,这不是口号,而是一种行动的理念,是实践法哲学的基本精神。实践法哲学已经充分认识到了法治不仅要设计,更重要的是在一个又一个的具体事件中得到发展,只有这样,法治发展过程中所存在的各种问题才能逐步得到克服。即便是出现了新的问题,这些新的问题也只有在行动中才可能得到克服,没有法治的行动就不可能有法治的发展与持续。

提升人们的规则意识不能单纯地依靠一系列的理念设计或规则推进,而要依靠行动中的反复博弈才可能真正地让人们拥有规则意识。规则意识不可能单纯依靠外在的强制性在短期内获得成效,而应该在游戏中学会规则,将规则的遵守转化为一种身体的习性。在维特根斯坦看来,规则的学习只能在行动中完成,我们不是依靠一种预先的知识化的学习去掌握规则,而是在各种各样的游戏中真正地去掌握规则。如我们下棋,不可能仅仅依靠看一本关于棋谱的书籍,就真正地学会了下棋的规则,而只能在日复一日的下棋实践中学会棋类的游戏规则,从而遵循规则也不是一个理论的问题,而是一个实践的问题。人们的规则意识不是通过一种理念的灌输,而是通过一种现实的实践——反复的实践——才可能完成。

按照被灌输的理念,我们总喜欢为规则的遵循寻找一些理由,但这样对于规则的遵循并不是一种牢固的规则意识。遵守规则只有转化为一种行为模式,一种自然而然的行动方式,才可能真正地说是学会了规则。因此,在习惯化的规则遵循活动中,是根本不需要理由的。“在我们通常的论证过程中,我们是对行为的原因给出各种解释,当某个解释不能令人满意时,我们就会想到在这个解释的背后还会有另一个解释,这样使整个论证变成了一个不断寻求更进一步解释的过程。这显然把遵守规则变成了一个对行为原因的解释,而无论是否是以规则作为行为的原因,最后的结果都只能是,用规则的一种表达式代替它的另一种表达式。这样,对规则的理解就不再是一种解释,而应该是用每个具体的语言游戏活动显示我们所谓的‘遵守规则’或‘违反规则’的情形。”[1]如果说,中国人在对于法律规则的遵守问题上,能够真正做到无须理由的遵循,那么就一定是自然的遵循,这就如同人们在下棋的时候遵循规则是一样的道理,没有人在下棋的时候还要对遵循某种规则找一个解释的理由,在下棋的时候对于规则的遵守是自然的过程。也只有将遵循规则看作是一个自然的过程,看作是一种习惯,对于规则的遵守才是一种真正的生活方式。

实践法哲学追求行动的理念,期望在对于行动之实践中让人们学会规则,让人们学会法治的游戏。所以法治是一种行动,无论是对法治中民主的习得,还是对自由的尊重,都要在行动中逐步完善。我们不可能在法治行动之前要求让每个人都学会法治的游戏规则,法治的规则是一种公开的游戏,公开的游戏必须在实际的行动中才可能学会。人们只有在无数次的投票活动中才可能真正地学会民主,人们也只有在法律规则的运行过程中才能学会遵守规则,法官只有在审判案件的活动中才能真正地提高审判的质量,立法者只有在立法的活动过程中才可能制定出良好的法律。国家作为法治的推动者,要给予民众更多的参与法治游戏的机会,让人们在法治的游戏过程中掌握法治运行的智慧。

当家长带着孩子到教练那里报道学习游泳的时候,如果哪个孩子不下水,那么教练就会一脚把孩子踢到游泳池里。这样的教练是聪明的,他深刻地明确游泳只有

---

[1] 江怡:《维特根斯坦传》,河北人民出版社1998年版,第178页。

在游泳中学会,在游泳池的边上是永远也学不会游泳的,一个只教授理论的游泳教练就只能是被要求退还学费的下场了。法治的训练如同游泳,首先要让人"下水",不让人们去实践的法治在根本上只能是一种抽象的理论。实践法哲学不是一种抽象的理论,它明确了理论的有限性,而主张在实践中克服理论的有限性。在法治的发展过程中,任何主张都要在行动中去完善,在行动中获得发展,在行动中去贯彻。法治作为一种公开的游戏规则,必须让人们赤裸裸地整个身心地融入"水"中,才可能真正地推动法治的发展。当然,在这个过程中,人本身的合目的性追求也会在其中展现并且对象化为一种现实的存在。法治的发展过程中存在一系列的事件,在系列事件中必须让参与其中的各方角色真正在场,以流动的事件中的主客交互作用为基础不断地促进法律以及法治的发展,这是实践法哲学所追求的理想。

二、原则:法治的实践与实践的法治

法治的发展更为重要的是通过实践不断培育和建构法治,这里的关键在于法治实践。根据实践学的原理和中国的法治境况,笔者一直强调"法治是一种行动"的基本理念,只有在法治行动的过程中才可能锻造中国法治的图景,也才可能实现法治国家、法治政府与法治社会三位一体的宏伟设计。法治实践是一个主体不断展现自身的过程,也是法治规划不断趋于合理化的行动过程。尽管法治实践会具有某种程度的受动性,但在总体上是一个不断实现人类善德的能动性过程。也就是说,法治实践自身即应当具有一种道德的维度,道德价值的欲求内在地包含在了法治实践的过程当中。法治实践体现了人类对自身命运的关切,法治实践体现了人们对自身美好生活的设计原理,无论是国家对法治发展的总体规划,还是对法治政府的谋划与设计,在根本上都体现了这种基本的思想原理。我们应该真切地投入到法治实践当中,为中国法治的发展作出自己的贡献。这样就需要我们真正地理解法治实践的概念,尤其是理解法治实践的原则。

其一,中国法治实践应该坚持实践人本学的原则。在马克思的思想体系中,人不是抽象的人,而是具体的人;人一旦被抽象化为一个抽象实体,人就失去了其自身真正的价值,人也就不成其为人了。在《法治政府建设实施纲要(2015—2020年)》以及诸多文本中,我们都充分表达了"人民主体"的思想理念,这应该是马克思人本学思想的自然延伸。因此,我们所强调的"人民"不是一个抽象的集体,而是强调将个体作为出发点和归宿点的鲜活概念。无论是哪个层面的法治实践,都应该体现对人本身的关怀。制度的设计体现了"人的尊严",制度的实现就必须贯彻"人的尊严",否则制度就如同虚设,这是制度的逻辑,也是实践应该坚持的逻辑。如果在法治实践中一些主体不能很好地展现对人本身的尊重,那就要设计某种约束机制,让每个主体都能在法治行动中学会尊重每个个体的尊严和人格。为此学术界提出了法治评估的概念,中国法治实践学派在该领域走在了中国学术界的前沿,其所设计的法治指数的实践操作构成了对政府和法院等行为合理化的倒逼机制,在法治实践中发挥了重要的作用。

其二,中国法治实践要坚持多维立体主义的原则。在过去很长一段时间内,法治发展坚持的是国家推动型法治发展路径,国家的推动固然是法治实践的一个重要维度,但绝不是唯一的路径。单纯的国家构造忽略了民间社会自身的法治发展元素,轻视了法治实践的本土资源,甚至造成了国家法律与民间法治资源某种程度上的紧张关系。实践本身是有多种元素构成的,充满着复杂性。法治实践是众多元素相互作用的过程,政府的法治推动作用固然是不可低估的,司法机构的引导性价值也不容忽视,但民间社会的诸多法治元素都在法治实践过程中扮演了重要的角色。权力不仅有国家的权力,还有社会的权力,任何权力都要在法治实践的过程中走向合理化。法治生活中不同样态的权力运行要遵循实践的规律。法治实践也是博弈的过程,各种元素作用的方式和深度是博弈的结果,而不是主观构造和想象的结果。国家在法治实践中的作用具有决定性,但民间社会的多元化法治资源则具有根本性。我们要采取一种多维的、立体化的思维看待法治实践,国家要认真对待民间社会,国家与社会的实践操作将真正实现两者之间的平衡,这正是一种法治的精神,法治实践的逻辑发展将真正塑造契合于法之本性的法治精神。

其三,中国法治实践要坚持一种能动性的原则。法治实践的展开必须以对背景元素的分析研究作为前提,法治实践的过程同时是一个能动的创造性展开过程,这也是实践本身所具有的创造性与能动性在法治实践中的体现和表达。马克思曾经说过:"以往的哲学家只是解释世界,而问题在于改造世界。"改造世界正是马克思主义者所要坚持的基本信念。在趋向于法治蓝图的伟大历程中,我们会遇到很多障碍，包括体制性元素、观念性元素、利益集团，但是无论前进的道路多么坎坷，我们都要拿出“改造世界”的勇气，为社会主义法治国家的实现作出自己的贡献。中国法学家需要坚持一种行动哲学的信念，这种信念鼓励人们参与到法治行动当中，用谋划、做事的精神和改造世界的勇气塑造中国法治的基本风貌。中国法学家群体积极主动地参与中国法治进程，他们参与法治政府的建设、推动公正司法的实现，并将积极投身于乡村法治建设的伟大法治实践，他们珍视每一个推动法治进程的事件，这种实践的精神是能动的、创造性的精神，是对伟大的马克思实践精神的继承与发展。在法治实践的不同环节和层面上，我们都应该具有一种参与意识，参与意识也是一种法治精神。国家与政府的法治推动同样是一种能动性的实践精神的表现，我们要“全面提高政府工作人员法治思维和依法行政能力”，只有具有这种能力和素养的主体才能在法治实践中展现自身的能动性力量。

法治实践具有复杂性。法学家不仅要参与到法治实践当中去“亲历”法治进程，而且还要深入研究法治实践的基本原理。只有这样才能更好地在法治实践中推动法治的发展。法治实践有着自身的规律性和目的性，它的规律性体现了辩证法的实践原理，它的目的性展现了人的价值追求与关怀；法治实践符合人类实践的基本原理，但又有自身的特殊性；法治实践在一定的文化共同体的实践过程中，具有自身向善的欲求，它将引导中国法治沿着正确的方向不断前进。法治实践的研究是法学家的重大研究课题，它将引领中国法学研究的实践转向；法治实践的研究也应该是中国法学家的内在追求，它是改进中国法治发展的思想前提；法治实践的研究是中国法治实践学派的集体认同，它将转化为一种行动的力量；中国法学家群体要坚持法治实践的原则，用自身的行动谋划和塑造中国法治的发展，为把我国早日建设成为社会主义法治国家不断努力。

第二节　法治理论：文化与理性

如果从改革开放开始计算的话，那么当代中国的法治实践已经持续了 40 年的时间。40 年的法治实践已经表达了对法治理论的迫切需求，如果在改革开放的早期,我们还可以"摸着石头过河"[1],那么在经历了诸多的法治磨难之后的今天,则需要认真地琢磨和谋划真正属于中国自己的法治理论了。由于在法律界有一个强大的"实践群体"以及法本身的应用性特质。理论建设要深深地植根于文化传统以及当代中国的实践当中,同时要吸收人类文化的思想理论精髓,在一种实践合理性的立场引导之下,谋划中国的法治理论建设。真正属于中国自己的法治理论必须有自己的思想个性、文化依托、理性基础、思维方式、价值系统和操作方案,否则就不能真正被称为中国特色的法治理论。[2]

一、共性与个性:中国法治理论的可能性

尽管我们经常使用建设中国特色法治理论的概念,但其实并没有一种单纯的叫作法治理论的理论形态,因为法治理论实际上仅仅是法学理论的一个组成部分,当然也可以说法治理论乃是法学理论的一个分支理论,但这个分支理论一定与其所属的整体法学理论是融为一体的。一般而言,有怎样的法学理论就有怎样的法治理论,法治理论应该从属于法学理论,因此一个在法学理论上没有建树的人,应该不会创建一种真正有价值的法治理论。而一个民族也是如此,不能单纯地去构造法治理论,其中隐含着一个法学理论的前提和基础问题。这只是一

[1] 关于"摸着石头过河"的提法,笔者想从理论上做一个分析。在改革开放之初,我们进行的一切活动都缺乏理论的指导,因为旧的理论已经过时了,不能被用以指导中国的改革事业,而新的理念又没有形成,于是只能"摸着石头过河",这在当时无论从理论上还是实践上都是没有问题的。这样"摸着石头过河"本身就具有了重要的理论价值。但实践发展到今天,我们就不能再盲目地过河了,我们必须在江河之上搭一座桥,这座桥就是我们的理论,其中自然也包含了真正属于中国自己的自主性法治理论。

[2] 有人认为十八届四中全会的《决定》标志着中国特色社会主义法治理论的系统形成。"党的十八届四中全会总结和运用党领导人民实行法治的成功经验,深入研究社会主义法治建设重大理论和实践问题,深刻揭示了社会主义法治建设的重要地位、核心内容、总目标、基本原则、根本保证等基本问题,集中回答了'什么是社会主义法治国家''如何建设社会主义法治国家'这个根本性问题,标志着我们党已经形成了系统完整的社会主义法治理论。"参见徐贵相:《中国特色社会主义法治理论的基本内涵》,载《刊授党校》2014年第12期。十八届四中全会的决定在中国特色社会主义法治发展中具有里程碑的价值,乃是真正契合于中国自身国情的法治理论得以创立的指导思想,但并不是具体的法治理论形成的标志。李林也提出了中国特色社会主义法治理论体系内容的设定,其间包括价值理论、规范理论、操作理论以及其他相关理论,尽管这个理论体系的设定颇有道理,但应该说是一个广泛意义上的对于中国特色社会主义法治理论的界定,好像可以包括一切法律理论。参见李林:《坚持和发展中国特色社会主义法治理论》,载《求是》2015年第3期。其实法治理论本应该属于法学理论或法理学或法哲学的一个有机组成部分,它主要解决的是人们关于法治的根本观念和思维方式的问题。

种警示，一种不能将法治理论建设与整体的法学理论建设相互分割的告诫，因此一种真正有魅力的法治理论同时意味着一种整体性的法学理论的存在。

按照普遍与具体的辩证性的法治理论，则无论是传统中国还是当代中国都能够具备自身的法治类型。传统中国是有法治的，只不过传统中国的法治并不是与西方启蒙运动所开创的法治传统相契合的，它是真正属于中国传统自身的法治类型。任何人都不能否认传统中国存在优良的法典，《唐律疏议》恐怕就是其中的典范了，它不仅契合传统中国的儒法意识形态〔1〕，而且契合中国人的心理结构以及中国古代社会的社会结构，加之以宽简得体的立法风格，它就是当之无愧的好的法典了。同样可以肯定的是这样的好的法典在总体上也是得到了普遍遵守的，普遍遵守并不意味着可以杜绝违法犯罪的现象，而是说好的法律不会激起人们的抵触乃至抵抗，自然也不能出现违法乱纪的普遍现象。当代中国社会当然有自己的法治。

普遍法治视域下的具体法治类型一定会存在多种多样的差异性，其理性特质、思维方式、价值观念等诸多方面都不会完全一致，这正是法治类型学的思想主旨之所在。〔2〕 如传统法治的价值乃是儒家的观念，其道德主义倾向构成了它的主要特征，而今天的法治建设虽然不能拒绝儒家的价值系统，但却不可能将儒家价值观念作为当代中国法治谋划的价值导向。中国法治建设的哲学基础乃是马克思主义实践哲学，这是一种既不同于传统唯物主义，也不同于唯心主义的哲学思想，但它又优越于唯物主义与唯心主义的对立，因为正是这样的实践哲学〔3〕克服了以往哲学的对立，从而真正形成了实践的辩证法哲学，这种实践的辩证法同样

〔1〕 关于儒法意识形态的问题，马腾以巫师王官为线索对其进行了文化史的研究，参见马腾：《儒法意识形态之文化史漫谈——以殷周巫师王官为线索》，载《殷都学刊》2015 年第 1 期。

〔2〕 法治类型学是一种差异性思维，它在本质上属于实践辩证法的范畴。关于法治类型学的理论表述，笔者受到了贺麟先生的重要启发。

〔3〕 这种思想最明确地表达在马克思所撰写的《关于费尔巴哈的提纲》这一重要文献之中。参见中央编译局编译：《马克思恩格斯选集》（第 1 卷），人民出版社 1972 年版，第 16 ~ 19 页。中国哲学界近些年对于马克思实践哲学思想的挖掘系统且深入，关于这个领域重要的学者代表有高清海、孙正聿、王南湜、丁立群、徐长福、邹诗鹏等，正是他们的学术探求让人们感受到了关于马克思哲学思想的实践诠释所具有的重要时代价值。同时实践哲学尚有许多其他的学术资源，在古希腊哲学、哲学解释学、实用主义哲学、德国古典哲学、中国儒学等不同的哲学流派中均包含了实践哲学的重要思想资源，值得我们认真对待。

也是真正属于中国自己的法治理论的哲学基础。

二、当下性:中国法治理论的文化语境

任何法治建设及其理论架构都不可能在真空中进行,而必然有一个存在的时空。这个时空是“当下”的时空,而非沉寂的历史,在这个时空中定然存在文化的多种鲜活元素。法治的存在时空总是以其当下的实践为基本语境的,这个实践是一种包容性的文化状态,各种文化元素都要在实践中表达自己的声音,展示自身的存在价值,影响和塑造着人们的法治话语、法治实践以及法治理论。当下中国法治理论的建设正是以这样的实践为其存在语境,法治实践的展开也不可能离开这样的存在语境。在这个语境中既包含了传统的文化元素,又包含了现代性的文化元素,当然还有中国意识形态中的文化元素。

当代中国法治理论的构建不可能游离于现实的实践之外,就实践的本性而言,中国法治理论一定应该从中国文化、人类文化及各种理论传统当中创造性地加以阐发,这个理论创新的过程一定是综合的、辩证的、实践的,任何单方面的努力都不可能在当下中国的理论建设中获得成功。究其本质,中国法治理论要以当下中国之文化语境为根本前提,这个语境本身就是多元化的,不存在单一化的文化语境,传统与现代就是当下中国法治建设的文化语境,中国法治理论就是要认真对待这个基本语境。

传统不是一种文本意义上的存在,它一定是现实的、流动的存在,即从历史上流传到今天依然在控制着人们的思维和观念的存在元素。如果看不到传统所具有的流动性特质,那就不可能真正理解传统的本质规定性。无论如何,传统都是人们现实的生活方式的一个组成部分。“传统不是某种过去了的东西。传统存在于我们的生活方式中,甚至即我们的生存方式。所以它对人是内在的。但并不等于说传统不能成为研究对象了。人的对象是人在实践中主动设定的,所以它既是外在的,又是内在的。传统对人不仅是给定的,人们在接受传统时,同时也在创造传统。所以传统永远是活生生的、发展的。传统一旦形成,便会获得某种独立的

生命力，而不是一堆僵死的教条。弘扬传统文化不是寻章摘句，而是理论联系实际。"[1]因此，传统不需要到历史中去寻找，它就存在于现实的生活当中。如果我们还需要到历史中去寻找传统的话，那么传统就不是真正的传统了，或者就变成了历史的教条。单纯的文本本身并不构成传统，传统必然是在今天还发挥着作用的那些文化元素。

按照这种对传统的理解，则中国当下之法治建设与法治理论的谋划就必须认真对待身边的传统文化元素。也正是因为传统依然是一种流动着的、现实的文化元素，所以它才可能构成当代中国法治建设与理论架构的基本语境。如果仅仅是因为中国历史上有很多所谓"传统"的文本，那我们就没有必要"认真对待传统"，将一种仅仅存在于历史文献中的文化元素放置到现代法治实践与理论当中是难以奏效的，只有流动着的传统才是真正有用的文化语境，也是不可能逃离的文化语境。这就决定了法治理论的架构必须正视这些传统文化元素，让这些元素成为法治理论合理性的重要渊源。法治理论的合理性要求一种文化上的依托，法治理论是当下中国自己的法治理论，其文化存在合理性的一个基本维度就是传统文化元素。传统文化元素中的诸多方面都是当下法治建设不可逃避的文化依托，实践理性的文化精神、法律实质主义的文化倾向、[2]礼法并用的治理模式、[3]司法论证的道德主义、经权变通的辩证思维、判例法与成文法相统一的混合法样式，这些都是从历史传到今天依然有效的传统法治的文化元素，它们构成了当代中国法治实践及其理论架构的根本文化前提，当须认真对待。

---

〔1〕 朱德生:《传统辨》，载《北京大学学报(哲学社会科学版)》1996 年第 5 期。

〔2〕 实践理性的文化精神与实质主义的法律文化特质以及经权变通的辩证思维应该说都与实践理性或者实用理性是内在相通的，正是实用理性决定了中国法律文化的良多特性。关于实用理性的阐释，可参见李泽厚所著《历史本体论》第一章(生活·读书·新知三联书店 2002 年版)，其间有着翔实的阐释。这种认知与对将儒家思想解读为实践哲学的思想范式是一致的，儒家思想中不仅包含着丰富的生活哲学的基本原理，而且还蕴含了重要的实践的法哲学思想资源，这也是我们解读中国传统法治以及现代法治的思想前提，当代中国的法治谋划也不可能脱离儒学的传统。

〔3〕 关于礼法问题的深入研究，可以参见马小红教授所著的《礼与法:法的历史连接》(北京大学出版社 2004 年版)。她曾谈过传统法与古代法的差异，似乎也主张传统法乃是一种流动的、现实的文化元素。这一思想观点在她与曾宪义教授共同撰写的文章中有所体现，参见曾宪义、马小红:《中国传统法的结构和基本概念辨正——兼论古代礼与法的关系》，载《中国社会科学》2003 年第 5 期；曾宪义、马小红:《中国传统法研究中的几个基本问题》，载《法学研究》2003 年第 3 期。

除传统作为文化语境对法治理论架构的影响和塑造之外,现代文化的元素自然也会构成法治理论的存在语境。现代文化的元素可以说是多种多样的,而学术界则尤其喜欢欧美启蒙运动所开创的自由主义政治哲学及其现代性法治理论,并且这种文化元素在近代就已经传播到了中国,为许多法律人所信奉,这就决定了这种现代性法治的文化元素会构成中国法治理论建设的现实的、实践的、不可逃离的存在语境。尽管中国的法治建设与法治理论不可能完全地契合于西方的法治理论,但现代性法治的影响与构造却是必然的。

马克思主义自然也是当代中国法治建设的存在语境,马克思主义与启蒙运动基本属于同一个时代,也可以说是稍后一些的年代。马克思本人在开始的时候其实也是颇具启蒙精神的伟大导师,但随着其对经济生产活动的深入研究,他发现了真正的、现实的世界对理论建设的重要性和现实变革的重大意义,但对启蒙时代的伟大精神马克思并不是要抛弃,而是进行了批判,但启蒙的精神的诸多元素实际上已经被整合到他的共产主义学说当中了。〔1〕近代马克思主义传播到中国,而后成为主导意识形态,这表明马克思主义的文化元素已经构成了现代中国的一种存在状态。当今中国人的学术话语、表达方式、政治思维、哲学思维、实践认知,都已经马克思主义化了,马克思主义成为我们必须正视的一个文化语境。中国法治理论一定要坚持马克思主义的指导思想,同时还要深入挖掘他的理论对现代中国法治的重大意义,中国的法治理论在归根到底的文化取向上必须是马克思主义的。但若是如此,那么我们一定要寻找马克思主义文化元素与传统文化乃至欧美启蒙法治理论之间的契合点,只有在这三种文化或存在语境都给予支撑的前提之下,中国法治理论才是文化上真正的法治理论。

或许理论家可以单纯地从一个维度去构建某种法治理论,而忽略其他的文化元素,但由于其他的文化元素在根本上已经不是一种单纯的文本的存在,而是中国法治实践的文化语境,这一语境本身就是实践的、现实的,它在实质上影响和构造了人们的思维方式和行为方式,以至于不可能通过人为地"理论截割"而将其清

〔1〕 关于马克思法哲学的现代性批判的重要思想,参见武建敏:《马克思对现代性法哲学的批判与超越》,载《法学杂志》2011 年第 1 期;武建敏:《马克思法哲学的经济学前提及其超越》,载《河北大学学报(社会科学版)》2011 年第 4 期。

除出法治理论的范畴,这只能是理论家的空想臆说。若是真的按照这种理论家的设想去架构某种法治理论,则这种法治理论一定是偏颇的,在实践上也一定是有害的。所谓真正有用的法治理论,就是要奠基于自身的文化存在语境基础上的法治理论。理论家完全可以单纯地从儒法学说出发建构当代中国的法治理论,也可以单纯地将启蒙的法治理论作为自己的理论,还可以单纯地从马克思主义的单一维度去构建法治理论,但这种做法在本质上都是违背马克思主义学说本身的。[1]马克思的实践学说正是对这种片面思维的反对,从当下中国的实践语境和文化语境出发去架构中国的法治理论,才是真正符合马克思主义学说的思想形态。这是一种实践的、辩证的、实事求是的思维方式,也应该是中国特色社会主义法治理论的思维理念。

三、科学理性抑或实践理性:法治理论的理性基础

一种法治理论往往有自身的理性基础。但理性本身的形态是不同的,有人所主张的理性是一种无限度的扩张型理性,有人则主张有限度的理性;有人主张的是科学主义的理性,有人则主张实践主义的理性。在我们最初接受并探讨理性的时候,也非常珍视理性的价值,理性与科学的概念几乎充斥了人们的话语结构体系而成为主导性的话语形态,即便在科学与理性日益暴露问题的时候,我们依然在倡导科学与理性的价值,很少有人去反思科学与理性本身所固有的问题。在法治建设与法治理论架构中,人们也往往把科学与理性看作是至高无上的,中国法治实践中所表现的构造主义就是科学主义与理性主义的强有力表现,而一切冠之以“科学化”的法治思维则是地道的法治科学主义的理论路向。

科学与理性的精神是现代日益凸显的两个重要价值,从近代至今对人们的思维方式和行为方式以及人们的心理结构产生了重大的构造作用,那个时候的法学研究以及法律实践都体现了这样的科学与理性的精神。

---

〔1〕 马克思主义是一种包容性的学说和理论,它反对任何单一化、片面化的思维。马克思主义在本质上是一种实践的哲学,这是一种真正的实事求是的哲学,同时也是一种变革的哲学。

科学理性是有价值的，但也是有问题的。所谓“科学理性是科学主体特有的一种精神或认识能力，它促使科学主体从一定的本体观和理由出发去探索科学客体，并按一定的规则进行推理得出合乎逻辑的结论”。[1] 科学精神与逻辑主义及科学思维都是密切相关的，然而它的存在空间应该是自然科学领域，其所探求的对象应该是客观的自然界。真正地将科学理性放置到它应在的位置才是合理的，一旦科学理性突破了其固有的领域，就会显示出各种问题，甚至于会出现科学理性的实用化、功利化、形式化、实证化、效益化和工具化等现象，而这些或许并不与真正的科学精神相契合。让科学精神恢复其本身的尊严，就是让科学精神恰得其所。法治的科学化并不是一个恰当的概念，[2]它代表的是一种科学理性的认知方式，科学化是属于科学理性的范畴，而合理化则是实践理性的范畴，概念的差异乃在于理性之秉性的差异。到底法治实践及其理论架构要以怎样的理性作为自己的基础，这是一个需要慎重考量的问题。

法治在本质上是一种行动，法治的原则要求任何决策都必须有一个合理性前提，也就是说要有根据和理由。科学理性固然是可以为人们的行动提供理由支撑的，如我们修造一个工程项目，就需要科学理性的严密论证。但是在法治行为中并没有这样的与科学相契合的绝对的、普遍的、必然的理由，而是合理性理由和论证，是一种实践的合理性，是经过实践推理而被确认的理由和根据。“实践理性关注的是做什么，就像理论理性关注的是相信什么。”[3]基于实践理性的推理的结论是行动，而为行动提供论证的过程就是实践理性展示自身的存在价值及其合理性的论辩。在一定意义上也可以说法治就是一种论辩的过程，法治是论辩的艺术，是经过论辩而行动的过程。法治的论辩形式可以是多种多样的，单纯地从规范出发而对行动及其结论的论证是其中较为简单的形式，这也是一种类似于科学理性的形式，这就难怪人们总是从科学或科学理性的角度去理解法治。但很多时

---

〔1〕 高剑平：《科学理性概念的界定》，载《广西民族学院学报（哲学社会科学版）》2004 年第 3 期。

〔2〕 法治在本质上并不是一个科学化的过程，法治在本质上是实践的，法以及法治都是一种实践理性。

〔3〕 M. T. 桑顿：《亚里士多德式的实践理性》，载徐向东编：《实践理性》，浙江大学出版社 2011 年版，第 97 页。

候法治的论辩并不是这么简单的,法律决策往往会涉及不同的情境和语境,而在不同情境下的决策过程都是一个论辩的过程,这个论辩应该是非常有特色的、个性化的。无论怎样的论辩过程都不是用“权力”去说话的,权力固然重要,但它不属于实践理性的论证。实践理性的论证追求一种合理性的事业,法治作为行动,必须以实践理性的论证为前提。

法治应该是一种“善治”,它是不断追求善的过程,善乃是法治的题中应有之义。法治与实践理性在本质上是一致的。实践理性不仅不同于一般的科学理性,并且在其价值关怀上区别于任何其他样态的理性,实践理性是一种符合善的要求的理性。实践理性之善的问题,黑格尔早就做过精辟的分析:“实践理性设定善这个普遍规定不尽是内在的东西,而且实践理性之所以成为真正的实践的理性,是由于它首先要求真正地实践上的善必须在世界中有实际存在,有其外在的客观性,换言之,它要求思想必须不仅仅是主观的,而且须有普遍的客观性。”〔1〕这样的实践理性本身就对人类的行为具有良好的范导作用,法治作为实践理性之善的延展过程,必须能够增进人类的福祉。法治作为“善治”的形态,其之所谓为“善治”的理论说明正是存在于对实践理性的认知与实践当中。无论是具有普遍性的法治行动,还是具有特殊性的法治行动都需要以善作为基本导向。伽达默尔说得好:“谁掌握了实践理性的善,谁就会认识到他所遵循的规范观点,并懂得如何在实践情境所要求作出的具体规定中使之起作用。”〔2〕任何具体的语境都依赖于实践理性的引导,这样才可能促进具体善的实现。法治的行动总会有许多具体的语境,到底在具体情境中如何选择,恐怕需对实践理性有一个基本的把握与合理的认知。这就要求法治的参与者必须掌握实践理性的善,掌握真正有用的实践之知,于是具体情境的善方才会获得良好的合理性支撑。

法治理论的架构,由于法以及法治在本质上是实践的、实践理性的,这就必然要求以实践理性为基础的法治理论。这种以实践理性为基础的法治理论同时就是一种实践,任何有用的理论在本质上都是实践的,不是说理论具有实践性的特

〔1〕[德]黑格尔:《小逻辑》,贺麟译,商务印书馆1980年版,第143页。
〔2〕[德]伽达默尔:《科学时代的理性》,薛华等译,国际文化出版公司1988年版,第42页。

质，而是说理论本身就是实践的，这样的理解才是将理论与实践做到完美统一的理解，正所谓知行合一。法治实践与法治理论建设是统一的，它们都仰赖实践理性的把握方式，同时需要实践智慧的介入。实践智慧是法治理论的最高范畴，实践智慧本身就是理论与实践统一的集中体现。它作为一种包容性的美德，是实践理性发展的最高阶段。它既具有普遍性，又具有特殊性，[1]是人类行动的范导。中国法治及其理论以实践理性和实践智慧为范导，实践理性与实践智慧引导人们如何行动，教导人们“择善而从”，这是普遍与具体之间的实践理性，是具体场景下选择的智慧。

第三节　实践主义：法治思维与法治行动

当代中国对于法治的理解正在迈向一种实践主义的基本立场，这就意味着法治思维的实践转向，这也是摆脱无限理性构造主义的思想前提。按照这样的思想理路，法治的生命力在于行动，在于实践，而法治行动与法治实践的过程是充满复杂性的，揭示这一复杂性的机理，是中国法治理论研究的基本使命。当然，我们不可能穷尽法治行动的全部原理，我们应该坚持一种理性有限论的立场。

一、法治操作的价值导向

在人类两千多年的法治发展历程中，经历了多种法治类型的不同发展阶段。尽管这些法治的形态都可以被称为法治，但其间关于法治的诸多元素也发生了或多或少、或显或隐的变化，其中尤其是价值元素的变化是非常明显的。每一种法治类型都有其法治操作的价值导向，蕴含着独具风格的价值元素，或许一种法治类型与另一种法治类型的区别在很大程度上就是其间所蕴含的价值元素的差异所导致的结果。这种认识虽然未必一定是真理，但毫无疑问具有极强的合理性。不仅不同国家与民族之间的法治类型会在价值上表现出显明的差异性，即便是一

[1] “实践智慧在展现为慎思时，既涉及实现具有特定形式的目标，也涉及一般策略问题——也就是要形成什么样的特殊目标。”参见大卫·威金斯：《慎思与实践理性》，载徐向东编：《实践理性》，浙江大学出版社2011年版，第473页。

个国家不同阶段的法治类型也会在价值论上有所区别，有时甚至是本质的差异。这种现象可以解释一个国家不同发展阶段往往存在根本不同法治类型的现象，也可以说明东西方法治文明的差异。当然差异性并不能取代共性，我们在肯定不同法治类型之间的价值差异的同时，也必须明确其共识性价值的可公度性。〔1〕

中国古代社会中实际流动的法治类型在总体上可以概括为“儒法法治类型”。尽管这种法治类型不是一种理论的抽象，而是一种流动的法治形态，但它依然有着自身雄厚的理论根基和鲜明的价值指向，这一理论根基的最初创立者自然就是荀子的法治理论，而其法治操作的价值导向基本上可以看作是儒家化的。无论是古代中国的立法环节，还是司法环节，法治操作的价值导向都为儒家的价值系统所浸染渗透，以至于古代法官在判案的时候，都可以径直援引儒家的伦理道德对案件结论进行全面的论证。司法是法治操作的关键环节，司法所体现的价值取向在根本上可以被理解为整体法治操作的价值导向，在整个古代社会中儒家化价值是一种可以普遍化并在实际上已被普遍化的价值，贯穿于法治操作的方方面面。这种渗透性的价值构成了我们理解和把握中国古代流动着的法治类型的关键环节。

然而历史毕竟在不断地向前发展，自从近代中国开始了现代性法治的探寻之后，中国法治的价值系统就发生了重要的变化。〔2〕在这百余年的法治追寻中，法治探索的价值导向也并不是完全统一的，国民政府期间的法治追寻所体现的价值与中华人民共和国的法治追寻所表达的价值系统也是不一致的。不过历史发展

〔1〕 尽管人们对共识性价值本身的认知还存在差异，但一些最为根本的价值元素在现代社会当中是具有良好的共通性的，比如对人的尊严至关重要的自由、正义以及公共福利等都是现代法治谋划的重要价值元素。法律的目的就是要“为我们以及我们的后代构造完美的统一体，确立正义、保证家一般的安宁、提供普遍的安全、推动公共福利的提升以及保护自由的祈祷”。See Samuel J. M. Donnelly, *A Personalist Jrrisprudence*, *The Next Step*: *A Person-Centered Philosophy of Law for The Twenty-First Century*, Carolina Academic Press, 2003, p. 121. 一般地说，这些共识性价值是具有可公度性的，即它们可以被看作后法治发展国家与西方发达国家法治目的论关怀的共同要求。

〔2〕 法治自然是要追求民主价值的，但不同历史语境中人们对民主本身的理解也是有差异的，近代中国所追求的民主包含了更多的西方化的色彩，而当代中国的民主乃是社会主义民主价值，两者之间有重要的区别。李林对社会主义民主与法治的内在关联进行过翔实的阐释与论证，揭示了中国语境下民主与法治关系的基本原理，并提出“社会主义民主法治通过自己特有途径和功能，保障并促进社会和谐目标的实现”。参见李林：《当代中国语境下的民主与法治》，载《法学研究》2007年第5期。

到今天，中国人对于法治的价值追寻应该说是很明显的。就人们内心所追求的法治类型而言，世界众多国家都将现代性法治看作当代社会所要追寻的法治类型，而其所蕴含的价值系统自然就应该成为现代国家法治操作的价值导向。中国当然也不例外，也不可能例外，例外的只是我们始终坚持共性与个性的辩证法，这是保持自身不迷失方向的理论前提，恐怕也是一种实践智慧。

当代中国对于现代性法治的追寻是诚恳的，其价值导向也是十分明确的。现代性法治必然要以自由、民主、人权、权利、尊严等为其根本的价值导向。[1] 但无论是哪一种具体的价值，其所体现的价值关怀都是对“人的尊严的高度关怀、认同与提升”，个体的人的价值的彰显乃是现代性法治追求的必然维度，也是现代性法治理论得以成立并被称为现代性的价值基础。马克思曾经从“人”的角度对历史进行了三个阶段的理论划分，即体现了人从依附性走向独立性再走向自由的发展过程，而在这个过程中毫无疑问马克思所坚持的人的价值坐标，正是人的尊严可以成为我们思考社会发展的高低及先进与落后的标志。随着近代社会商品经济的发展，人类进入了以物的依赖性为前提的独立性的发展阶段，在这个阶段中人的尊严随着自身独立性的发展日益得到彰显，这种人的尊严的发展过程正是与现代性法治发展同步前进、携手并行的。当然，人类社会终将进入共产主义社会，而彻底实现对“物”的超越，达到人占有人自身的至高境界。

现代中国的法治追寻在理论上要求体现出对人的尊严的关怀——对个体的人的关怀，这是一种真正的关于法治发展的人学理论，这种理论乃是对中国现实法治发展的概括与总结，也是马克思主义人学理论在法治理论中应用的自然表达。当代中国的法治探寻在经历了几十年的风雨之后，顽强地表达了对具体人的关怀。法治发展的过程就是个体的人不断获得尊严的过程。在目的论的

---

〔1〕 从总体上讲，这些现代性价值当然是西方的文化元素，但它们在今天就是人类法治的共性。其实，早在近代中国人民已经开始探求现代性法治了。“中国近代法治理论在传统法家理论和西方现代法治理论的夹缝中艰难地形成，近代中国学者从‘什么是法治’‘为什么要实行法治’及‘怎样实现法治’等方面出发提出了较为系统的法治理论，并沿着不断脱离法家思想而采纳西方法治理论的方向演化，初步勾勒了中国的法治蓝图。”参见马作武、李平龙：《中国近代法治理论的形成及演变》，载《中山大学法律评论》2010 年第 1 期。这里所说的向西方法治理论方向的演化，实际上就是一种关于现代性法治追求的判定。另外关于近代中国现代性法治追求的论述，参见武建敏：《百年中国法治探寻的类型学思考》，载《河北法学》2011 年第 9 期。

意义上讲,个体的人不是法治的工具和手段,而是法治的目的与关怀。在过去,个体的人被湮没在了单位中,被消弭在了上下级的结构当中,被束缚在了体制当中;而现在,个体的人的尊严构成了我们体制改革的方向,个体的人的价值构成了法治最为美好的追求。法治不仅要追求普遍正义,还必须实现个案正义。党的十八届四中全会对于具体个案公正的强化,乃是真正地尊重个体尊严和价值的具体表达,而对于个案的强调同时也是我们创造具体理论而非抽象理论的重要切入点。

当代法治理论之人学向度,在马克思主义理论中也可以得到良好的论证。法治既是一种理论,也是一种实践,理论与实践是统一的。关于法治的理论也是一种关于法治的实践,而法治的实践本身就应该是一种理论,只有在这种内在统一的意义上才能够理解理论与实践的内在相通性。马克思的理论本身就是实践的,它关于人的理论正是与现实的人的实践发展相契合的,而其对于人的理想与展望也正是在现实的实践得以展开的基础上所进行的思想论证。个体的人在马克思的思想体系中是极为重要的,人的自由是马克思所说的理想的社会的前提,同时又是目的。共产主义社会正是一种体现了人的自由和全面发展的社会形态,而且现实的社会演进正在不断逼近那样一个美好的社会类型。人不能没有理想,社会也不能没有理想,法治也应该有自身的理想追求,这个追求的核心就是人,就是人的价值,就是人的尊严,就是人的自由发展,就是人的自由而全面的解放。也许我们当下的法治状态并没有达到人的尊严的全面实现,但法治操作的价值导向却应该是明确的,即人的尊严的实现。这既是基于当代中国之现实语境的法治理论所追求的价值关怀,也是马克思理论逻辑推导的必然追求。

按照这种法治理论的人学导向,无论是法律规则的设定,还是程序模式的设计,抑或是法律运行的具体操作,都应该体现人的尊严的崇高价值。这既是中国法治实践的追求,又是属于中国自身的法治理论所珍视的重要价值。

二、具体法治操作的复杂性理论

从实践论上讲,法治总是具体的,在法治操作中细节往往发挥着非常重要的作用。我们仿佛习惯于法治宏大叙事的理论认知，构造出很多关于法治的理论宏观描述，但这样的理论往往并没有多大的价值，不仅无法解决人们理论上的困惑，也难以真正消除人们在实践认知方面的障碍。而对于法治实践形态而言，理论必须是具体的，即便是宏大的理论叙事也要体现理论的具体性特征。只有具体思想才可能真正把握现实的法治实践，也才可能成为真正有用的法治理论。也许法治理论并不忌讳宏观性的描述与设计，但法治理论一定忌讳缺乏内容的空洞话语。无论是宏观的法治理论还是微观的法治理论，都必须真正体现其有用性的根本特征。任何理论都必须是有用的，只有有用的理论才真正具有实践性的特质。

关于当代中国法治追求的操作方略问题，既是一个理论问题，又是一个实践问题。这里当然不能缺乏对于具体法治操作方案的宏观把握，但也不能忽略对当下法治操作的具体思想。当人们在研究法治问题的时候，总是习惯于使用必然性的概念。必然性就是一种在逻辑上一定会出现的事物与事物之间的内在关系。在法治发展过程中，我们并不否认存在一定的必然性。现代性法治的出现就具有必然性价值，若是没有与此相应的商品经济的发展，那就不会出现人们对现代性法治的渴求，这里所存在的就是一种必然性；而当代知识界之所以能够接受现代性法治，其间也蕴含着某种必然性。然而必然性理论作为一种宏观的把握事物本性的思想方式，它对于法治的解读也往往局限在法治发展的总体性方面，它对于法治发展的整体性诠释具有良好的解释力。但是，法治的运行又是微观的、具体的，这就决定了单一宏大叙事的必然性理论无法对现实的法治发展提供一种良好的理论范导。这就需要有一种微观的法治理论，从偶然性的角度深刻解读法治发展的机理。关于法治发展的偶然性理论正是一种具体法治理论，但它需要不断地获得进一步的阐释，并在实践上证明自身的有效性。

在法治的发展中，偶然性往往扮演着非常重要的角色和功能，有时甚至对于法治的推动起着决定性的作用。法治的发展是复杂的，不可能运用必然性的单一维度进行良好的说明，在法治运行中必然性与偶然性往往相互依存、相互制约、相互转化,[1]法治发展的偶然性理论是要让我们看到必然性的问题和局限性,因此这种偶然性思维本身就具有一种否定性的基本特质。拉克劳说:"偶然性并不意味着认同之间存在着的一系列单纯外在的、侥幸的(aleatory)联系,而是意味着整合(在必然的基础之上)任何精确性的不可能性,或关系或认同的不可能性。"[2]这种否定性思维是对于与必然性相连的所谓客观性、精确性、准确性的反对,表达了历史发展所具有的复杂性思想,而这也正是我们可以从偶然性视角去理解法治发展的重要理论缘由。一些伟大的思想家也总是能够在肯定偶然性理论的同时实现思想的自我否定,莱布尼兹就是这样的哲学家。"莱布尼茨尽管在其早期思想中带有必然主义的倾向,但是通过对概念的无限分析等内容的阐述,他将必然性和偶然性严格地区分了出来。以此为基础,我们可以看出他的偶然性理论与他的主谓项逻辑学以及可能世界理论之间尽管存在着错综复杂的关系,但它们在内涵上是一致的。因此,莱布尼茨通过偶然性理论摆脱了自身理论中的必然主义色彩。"[3]我们对于偶然性理论的认知远没有达到应有的理论境界,我们对于必然性的过度认可恰恰是对偶然性理论巨大的损伤。也许一种宏大的理论叙事在一种文本状态的时候,并没有多大的危害性,但若是被运用到法治实践,就一定会损伤法治的价值。认真对待偶然性正是我们的法治理论实事求是精神的集中体现。

法治操作的偶然性理论珍视任何可能对法治进程产生影响的偶然性元素。其间较为重要的偶然性元素可能是事件,事件不仅是指法律事件,也包括其他各个方面可能对法治产生影响的事件。在人类法治发展的进程中,我们能够感受到一些重要事件对法治构成了推动作用。尽管有时候偶然性的运行可能无须人们的刻意谋划,但若是作为主体的人能够在参与事件的过程中以自身的理性主动地谋划事件的发展进程,则事件本身的作用可能就会呈现出符合人的意志的发展模式。当然,这仅仅是一种可能性。但这并不意味着主观主义,主体性本身永远都

---

[1] 这三个相互关系应该说是非常有道理的,它最起码是对必然性压倒一切的思想观念的冲击,这或许正是历史发展复杂性的一种表现。参见白利鹏、师庭雄:《"历史规律复杂性视角"之研究进路述略》,载《社会科学战线》2012 年第 9 期。

[2] [英]恩斯特·拉克劳:《我们时代革命的新反思》,孔明安、刘振怡译,黑龙江人民出版社 2006 年版,第 26 页。

[3] 王志勇:《莱布尼兹的偶然性理论》,载《暨南学报(社会科学版)》2012 年第 5 期。

是我们参与事物发展的重要元素。我们无须过度强调必然性对我们的牵扯,而应该以深谋远虑的实践智慧积极主动地介入到事物的发展过程当中。中国自然也有这样的事件先例,即一个主体性介入到具体事件并从而构成谋划法治发展的典型个案,其所导致的法治效果是非常明显的。

在此法治操作的偶然性理论仅仅是一个初步的论证,其间的诸多问题尚需认真探究,但毫无疑问偶然性理论让我们看到了既往的必然性理论框架所无法看到的法治发展的动因和元素。偶然性理论也将是一个复杂的理论问题,它甚至比对于必然性理论的把握更为困难和艰涩。偶然性在法治发展中发挥作用的方式也是非常复杂的,很难对其制作出一个理论的模型。但无论如何我们应该重视这种理论,重视偶然性元素在法治发展中扮演的重要角色。对于法治操作之偶然性理论的研究将是一个不断深化的过程,理论界的共同关注和探求会有利于这种理论的日臻完善。为此,我们要坚持实事求是的精神,深入到事物的本性中探究世界的复杂性机理。[1]

〔1〕 近些年来学界强化了对于复杂性理论的研究,这对于思考法治实践的复杂性极有教益。比如吴彤:《复杂性的科学哲学探索》,商务印书馆 2021 年版;苗东升:《复杂性管窥》,中国书籍出版社 2020 年版;毕道村:《现代化起源——用复杂性科学解密西方世界的兴起》(三卷本),人民出版社 2021 年版。

第五章　事实与期待:法治多元主义的世界情怀

人类关怀世界问题是人自身生存和发展的基本需要。当人类发展到一定阶段,世界问题就成为每个民族国家自己的问题,如果解决不了世界问题,就不可能有每个国家的良好发展。当代的世界就存在于这样的一个历史时空之中。如果人类不从世界范围思考问题,不站在世界的视角谋划解决问题的思路,每个民族国家都不可能真正解决自身的问题。唇亡齿寒,世界是一个关系的存在,这种关系不允许有绝对的霸权,霸权主义不是一种世界主义的立场,而是一种民族国家的立场。

中国的思想家很早就开始思考世界问题。[1] 最为人们所熟知的就是孔子的修身齐家治国平天下的济世情怀,这种济世情怀可以被看作是一种世界情怀。当然,中国古人并不使用"世界"这一概念,用的是"天下"概念。中国的思想家并不知道天下到底有多大,四海也好,九州也好,这只不过是地理学意义上的政治想象。真正的天下观念恰恰是一种人文关怀,是对人自身命运的一种反思,它思考人处在一种怎样的状态之中,反思人的关系世界,谋划如何才能构成一个"和"的世界。中国文化在根本上关怀天下。而中国古人思考的天下,不是"乱"的天下,而是"和"的天下,也就是天下和谐相处,彼此友善和睦,没有争端。在中国古人的信念中,个体是不重要的,个体应该站在天下的立场中思考问题。这样

---

[1] "中国哲学中,潜藏着一股'世界主义'思潮,既有打破'国家中心论'的较低层次的世界主义,有打破'区域中心论'的较高层次的世界主义,也有打破'人类中心论'的最高层次的世界主义。世界主义的各种形态,齐备于中国哲学家的头脑中,这在世界哲学史上是不多见的,值得认真发掘。"参见张耀南:《论中国哲学的"世界主义"视野及其价值》,载《北京大学学报(哲学社会科学版)》2005 年第 3 期。这可以看作站在世界主义立场上对中国哲学的评价,颇得中国文化天下情怀之要旨。

可能会出现个体之间彼此的忍让,这对于天下之“和”是根本性的。所以《礼记》中才说道:“和者也,天下之达道。”这的确是很深刻的思想,天下即是世界,天下“中和”即是当代社会所提倡的世界和谐。但真正和谐世界的实现绝对不能从某个大国的利益出发去考虑,而应该真正把世界作为一个基本立场和出发点。

但是,国家的存在是一个事实,不同类型国家的存在也是一个事实。而不同类型的国家所追求和最终所能达到的法治状态必然是不同的,这就是差异,这种差异更是一个难以改变的事实。如果从民族国家的立场考虑法治,则在法治问题上也会产生不宽容的心态;而如果从世界的立场考虑法治则可能存在多种类型的法治,不同类型的法治的并存只有从世界立场出发才可能不被干涉,从而实现一种有差异的统一。法治多元主义不是一种口号,而是每个国家所应该坚持的立场,并且是一种世界的立场。[1] 世界主义意义上的法治多元主义意味着不同国家之间的尊重、宽容与协调,任何国家都不能运用所谓的普遍性去消灭另一个国家的法治个性。

一、法治及其多元化:治理方案的选择

世界立场的考虑并不是要否定民族国家的先在性,国家的存在构成了世界主义的前提。在世界范围内,每个国家都是一个独立的存在,都有选择自身的治理模式的自由和权利。从世界主义的视角下,国家与国家之间必须采取一种宽容谦和的态度,在一种彼此尊重的意义上获得相互理解。这种世界主义思维在今天显

---

〔1〕 这里的世界主义实际上就是一种对于法治考量的立场转换,是站在世界和天下的角度思考法治,当然也应该是每个民族国家的法治关怀。国外学者对“共和主义的法治”的探讨体现了某种世界主义的关怀,“共和主义的法治应是一种固有的世界主义观点,而不仅仅是临时性的。至少,任何共和政体都需要一个带有世界主义特征的宪法。鉴于今天国际上许多私人的或公共的权威都是潜在的或实际的支配来源,所以共和主义的规划必须致力于在全球层面扩展法治,并力图实现一种与康德意义上的外部自由相一致的普遍主义的法律身份。”参见[美]詹姆斯·博曼:《世界主义、共和主义与法治》,张宪丽译,载《国外理论动态》2015年第2期。在这里所强调的世界立场是在要求一种宽容,而不是要站在一个国家的立场去统一整个世界,法治多元主义才是真正的宽容精神在法治问题上的展现。中国文化固有天下情怀,但实现天下情怀则应要求“和而不同”,这便又是宽容、多元与和谐的统一了。我们所推崇的世界主义不应该是用“一”去消灭“多”,而应该是多样化的统一。

得尤其必要，否则人类根本不可能解决自身所面临的诸多问题。也正是由于世界主义的立场，每个国家都会选择自己的治理模式，独具特色的治理模式也就具有了合法性。在法治问题上也不例外，世界主义的立场决定了对于法治特殊性的认同，绝不会用一个固定的标准去硬套世界上多样化的国家。每个国家都有选择自身法治模式的权利，事实上各个国家必然选择契合自身需求的法治类型，这样世界范围内的法治多元化就会成为一个普遍的事实。

纯粹个人化的生活没有公共事务，因此无所谓治理。有人类社会就必然要有公共事务，即便在远古时期也存在公共事务的管理，尽管那个时候更多的问题是依靠人们的习惯加以解决的。在公共权力产生之后，人类对公共事务的管理就成了一个专门的职业。但人类要想发展，也不是仅仅表现为对公共事务的管理和思考。到底应该如何治理人类社会？这是自有人类之后面临的重大课题。

早在古希腊的时候，就有了关于法治的理论阐释。尽管柏拉图的理论曾经给法治以重创，但毕竟最后他还是信奉了法治，随后他的弟子亚里士多德则阐释了人类历史上最经典的法治概念。柏拉图的理想是要实现哲学王的统治，这可以看作一种他理想中最优的治理方案，但实践的打击使他觉得这个理想根本就无从转化为现实，于是修正了理想国中的治理方案，转变为对于法治的追求。当然，即便如此，哲学王规划设计依然是他最为理想的治理类型。无论哲学王统治，还是依靠法治进行治理，都是治理方案的选择问题。亚里士多德比柏拉图彻底得多，他一开始就相信法治作为治理方案选择的合理性。古希腊作为西方文明的轴心时代，是西方后世文明的发源地。当然，在西方的知识话语和政治实践中，法治作为主导的治理方案，并没有完全拒斥其他的因素在治理中发挥的重要作用。亚里士多德虽然追求法治，但亚里士多德作为法治主义者，其实也具有“人治主义”的色彩，他从不忽略“人”的“治理”价值，单纯地迷信法律，是不可能达到良好的治理状态的。比如，他通过公平问题阐释了这个道理。法律是普遍的公正，但公平实际上高于普遍的公正，它具备了公正的优点，同时又克服了公正的普遍性的缺点。而达到公平的治理结果实际上依靠的并不是法律，而是人。这个人必须具有实践智慧。[1]

近代启蒙运动开创的法治类型与亚里士多德的法治观是有差异的，启蒙法治观中包含了亚里士多德法治概念之外的诸多元素，但这并不意味着启蒙法治观与整个古希腊的关系就变得松散。古希腊的思想家认为人的本质在于精神，这种精神就是灵魂自由，也就是希腊文中的"nuos"，而"nuos"具有明显的个体性或者说个人主义的色彩。关于这一点，中国的哲学学者邓晓芒做过很好的分析："唯有理性灵魂，即'努斯'，才是超越性的，它不随着人的肉体的死亡而消灭，而是直接与神相通。因此努斯与人的肉体存在及与此相关的世俗生活不同，它不受任何外来的束缚，而是一种个体性的自由主体，是人的真正实体，其他一切如人的肉体、人的财产、人的幸福等都是为它服务的。显然，个体灵魂的这种自由自决，这种不受物的支配而支配事物的地位，是与古希腊社会城邦民主制下个体意识的独立，和对私有财产的确认分不开的。"[2]正是个人主义式的主体自我意识，才使民主得以可能，使民主具备了精神的前提，使民主对法治有了持久的需要。另外，法治理论与实践的生成和发展自然还与人性、宗教等因素有关。治理方案的选择是一种能动性，但同时也是一种受动性，正是这两个方面的结合使一种文化具备了自身难以消除的特色，也正是这些特色才使法治文化具备了多元性。

先秦时期的中国政治家和思想家也在思考如何治理的问题，他们有治理方案的独特选择。中国古人选择治理方案，不是从某个单一方面深入挖掘，总是站在多元化的综合性立场把握治理问题，尤其是具备儒家色彩的政治家和思想家更是如此。"圣人制礼作教，立法设刑，动缘民情，而则天象也。故曰：先王立礼，则天之明，因地之性也。刑罚威狱，以类天之震曜杀戮也；温慈惠和，以效天之生殖养育也。书云：天秩有礼，天讨有罪，古圣人因天秩而制五礼，因天讨而作五刑。"[3]"天秩有礼，自我五礼有用哉……天讨有罪，五刑五用哉！"[4]礼治是治理方案，刑

---

〔1〕 我们从亚里士多德这里也可以获得一种启发，那就是法治不能仅仅依靠法律而实现，没有契合于法治精神的人作为主体的参与便不可能实现理想中的法治。中国的先人讲得很好，那就是"徒法不能以自行"的道理。

〔2〕 邓晓芒：《黑格尔辩证法讲演录》，北京大学出版社2005年版，第7页。

〔3〕《汉书·刑法志》。

〔4〕《尚书·皋陶谟》。

罚也是治理方案,没有唯一的模式,只要能够达到治理的良好状态,至于运用什么只是一个工具的问题。这当然是一种典型的实用主义立场,中国文化本身就具有实用主义特质,儒家自然也不例外。[1] 从周公开始,道德在治理中所发挥的作用明显增加,道德成为辅助天意的理性形式,道德的介入让中国的治理者充满了实践理性的精神。到了孔子那里,道德几乎具备了本体论的地位,这就是后人所讲的“德治”。但儒家从来不因为高扬道德的主体性,就否认法律的作用,他们也是要搞“法治”的,只不过他们把法律放到了一个较为次要的位置,法治并不是治理方案的最佳选择;或者转换一种视角加以理解的话,将法治作为一个包容了道德礼仪规范在内的综合性治理模式,这是一个“大法治”的概念。儒家不像法家,把“法治”抬得那么高。也许儒家的先哲已经清醒地认识到,在中国的文化中把“法治”抬得过高往往会由于民主传统的匮乏而成为专制的帮凶,法家的“法治”即是如此。事实上也正是如此。

当然,无论儒家还是法家,从治理方案的角度讲他们都有一种法治的追求,尽管存在很大的差异。我们可以看到,在中国历史上就存在多元化的法治类型,贺麟先生曾经把中国历史上的法治分为三种基本类型:一是诸葛式法治,这主要是儒家化的法治类型,但同时也吸收了道家和法家的一些因素;二是申韩式法治,这当然就是纯粹法家的法治类型;三是近代在中国兴起的对于民主型法治的追求。法治的类型不可能是唯一的,而必然是多元的。即便不从理论上进行把握,就是单纯地从实践的角度理解则每个民族由于自身文化因素的差异也难以在根本上形成与其他民族完全相同的法治类型。在当代中国法治建设中,有人主张把西方的法治引进到中国,但实践的发展告诉我们这在根本上是不可能的。如果说可以把异域的法治模式拿到中国使用的话,那么世界就有可能实现“一元化”的法治,但这是文化的发展所不允许的,也是不可能的。正是由于每个民族具有自身的文化结构、社会结构、心理结构,这些不存在于文本系列而存在人内

[1] 关于儒学与实用主义的比较问题,国外哲学界已经关注了很多年,典型代表为安乐哲,国内学者温海明作为安乐哲的学生同样对该问题给予了高度重视。笔者也曾经从法哲学的角度撰写过儒学与实用主义的相关内容。参见武建敏:《实践法哲学:理论与方法》,中国检察出版社 2015 年版,第 210～223 页。

心的传统因素使法治的追求必然是特殊性的,而不可能是绝对性的。[1] 当然这样讲是从根本上说的,并不是说特殊性的法治就不具有任何普遍性,倘若没有普遍性的话,那么多元法治之间的沟通也就成为不可能,讨论这个话题本身也就没有意义了。

每个民族都有自身的传统,传统作为一种力量不是存在于文本世界,而是存在民族历史及文化流动的过程之中。在这个意义上,传统不是僵硬的文本,而是一种实际的存在。它既存在于历史当中,也存在于现实当中;它既是外在的,也是内在的。传统作为我们的存在方式,承受着人类的伟大使命,它不可能绝迹于历史,它通过作用于人的心灵世界构造当代社会。[2] 正因如此,当代中国能达到一种什么样的法治状态并不是由主体自身想当然的想象所决定的,而往往是传统所造就的。传统是不能随意改变的。即便从表象上消失的传统,依然会在现实实践的流动中展示自身的存在价值。传统都会作用于现代社会的方方面面,法治构造同样不可能离开传统的构造。一种理论主张即便在形式上具备了"他者"文化的要素,也不可能在根本上摆脱自身的传统。传统是一种能动的力量,它的影响力和塑造力是潜移默化的。在通常的情况下,我们可能根本就感觉不到传统的流动,但只要认真反思自身,就会内在地体会和把握到它力量的强大。

任何民族的传统都是流动的,法治传统也是如此,传统在一个民族的"现代性延展"中发挥着巨大的作用。从世界范围看,不仅中国与欧美有着文化和传统的差异,世界上任何民族都和其他民族有着各种各样的差异,而且有些差异还是根本性的。正是这些根本性的差异决定了法治的多元化,多元化是不同国家治理模式的自然表征,主观构造的一元化只能面临各种实践的困惑而难以解决,甚至无法解决。在这个意义上我们只能主张一种叫作法治多元主义的基本理念,它是一种态度和立场,是免予被他者强暴的基本前提。这当然也是一种世界主义的关

〔1〕 当然,这不可以做绝对的理解。任何一个国家的法治的特殊性是必然要具备的,但它同时又需要具备一些法治概念所共同具备的共性,否则也就不可能具有世界性价值。民族的并不当然就是世界的,若是一个问题单纯地属于某一个民族,那就不可能成为世界问题。一个民族的问题的理论把握必须能够为世界提供某种有价值的知识元素,否则这个民族也就无法与世界沟通,更遑论世界主义的追求与关怀了。

〔2〕 参见朱德生:《传统辨》,载《北京大学学报(哲学社会科学版)》1996 年第 5 期。

怀，是站在世界立场上对每个国家法治文化传统的肯认和尊重，因此世界主义的法治立场蕴含了一种崇高的宽容。它尊重每一个“主体”自身的特殊性。当然，对法治类型特殊性的珍视在作为世界主义法治观宽容美德之展现的同时，也构成了世界主义法治观的前提。法治的世界主义关怀意味着每个民族国家要在自身特殊性的基础上追求普遍性，以保护世界各个国家公民的自由、权利与尊严，这是一种“法治天下”的情结。

二、以民族国家为基础的现代性法治

“现代性法治”以启蒙运动思想中所包含的一些价值为根本前提，这些价值在总的方面体现对“人自身”的关怀，没有这些价值也就无所谓“现代性法治”。这些价值主要包括自由、民主、平等，而这些价值在本质上应当属于民族国家所号召的精神旗帜，并要使其在法律体系中获得完整的表达。这些价值可以被称为“现代性价值”，“现代性”就是以这些价值为前提的。当然，“科学主义”和“理性主义”也构成了“现代性”的重要维度。我们必须承认，每一种法律必然包含着价值，正是这些价值确认了法律的合法性基础。“法律对于合法性的重要作用的理解要靠澄清价值观和法律之间的关系。要这样做就要强调价值观是法律的实质这样一个事实。价值观使权利和义务充满人情味，而法律的任务在于监督。价值观为法律的理论和实践提供了基础、目标和方向，法律是包含在价值观中的世界观。”〔1〕现代性价值作为现代性法治的精神基础，在实现民族国家的法治过程中扮演了重要的角色，对现代性法治国家有一种根本性的构造作用。

欧美某些国家总是希望从民族国家的法治立场出发，去构造整个世界的秩序，这自然就免不了所谓的“霸权主义”，这种思想的典型代表是美国。美国哲学家罗尔斯在他的正义论体系中为美国政治社会制度进行了完美的辩护，并对其进行了合法性论证。但一旦罗尔斯开始探讨“万民法”问题，马上就发生了变化，在“正义论”中还倡导的差异原则，到了“万民法”时期就发生了变化。这就是典型的

〔1〕［法］让·马克·夸克：《合法性与政治》，佟心平、王远飞译，中央编译出版社2002年版，第2页。

民族国家立场,实际上还是在主张“世界一元论”,并且包含有西方中心主义的倾向,在根本上缺乏思想的宽容。这种一元化的理想在西方近代就已经发生了,典型的代表人物是康德。康德在探讨永久和平的时候讲到,永久和平的第一项正式条款就是每个国家的公民体制都应当是共和制。[1] 并且只有以自由国家的联盟制度为基础,才可能达到永久和平。康德的论述是一种彻底的理想主义。世界上有些民族国家的法治追求永远都不可能跳出自身的历史时空,当然这并不意味着对法治共性元素的拒绝。“一元主义”或许只能是局限在局部区域的“一元化”理想,但它同样也会遭遇民族国家的各种诘难,对问题的彻底解决是很难做到的。康德一辈子没有走出哥尼斯堡,尽管他在知识上对世界各国“了如指掌”,但他难以真切体验其他民族文化的特殊性以及由这种特殊性所决定的治理方案和统治方式的差异性,理性主义的伟大哲学家难免陷入理想主义当中。然而,他对“永久和平”的世界关怀及追求极为可贵,同时又具有重要的政治哲学和法哲学的思想价值。

世界法治一元论的难题就在于民族国家不是从世界及他者的立场考虑问题,而过多地考虑了自身的利益,现代性法治的扩张性以及由此可能导致的法治一元论更加剧了世界主义的难题。尽管以西方为中心的现代性法治在很多方面与国际社会所要求的人权、平等、民主具有契合性,但毕竟人权等价值是首先生发于民族国家的内部,从民族国家向外扩展达致整个世界范围的人权,往往会导致强国以自身的价值观去“强暴”弱国的价值观,这在根本上又是与人权的基本精神相冲突的。世界和谐的难题就是民族国家太把自己当回事,不是站在整个世界的角度考虑问题。这就如同一个团体的内部,如果人们总是从自己的利益出发,去谋求团体的和谐发展,而不是站在团体本身的角度考虑问题,那么团体和谐本身就构成了难题。一个团体的领导者不是去考虑整个团体的利益,而是将自身的主观性强加给团体以及团体内部的其他成员,那么这个团体就难以获得健全的发展。

从世界的角度看问题,则现代性法治存在着困惑,现代性法治可能(非必然)会很好地解决一个国家内部的事务,但却难以对世界的和谐发展作出属于自己的

[1] 参见[德]康德:《历史理性批判文集》,何兆武译,商务印书馆1990年版,第105页。

贡献。谋划世界主义的共同体只能从世界本身出发,而不能从世界范围内的某个单纯的主观性出发。现代性法治理念对于世界而言,也许仅仅是一种主观性,而当主观性不能与客观性相融合而构成主客观统一性的时候,那么世界共同体的包容与秩序也就难以最终生成。“现代性法治”在一个国家内部具有很强的宽容精神,但如果从整个世界以及从法治文化多元性的角度考虑的话,则其所缺乏的也恰恰是宽容的精神。如果一个国家总是认为只有自己的法治蓝图才是世界范围内应该普遍贯彻的图景,这意味着宽容精神的流失。现代性法治的境况正是如此,可怕的是不仅现代性法治理念的“输出国”仅从自身的角度构建世界法治图景,就是有些现代性法治理念的“接受国”也认为“输出国”的做法是正确的,这样的状况更加剧了宽容的世界主义法治图景实现的难题。因此,谋划世界主义法治视角的转换是当前重要的世界性课题。

三、世界主义关怀:法治多元主义的立场转换

法治文化的多元化是一种事实,而在众多的法治文化中现代性法治文化具有强势力量也是一个不争的事实。由于文化传统多样性的共存是当代社会法治谋划的前提和背景,也由于文化传统的不可摧毁的渗透性特质,决定了我们应当是法治多元主义者。法治多元主义者本就具有宽容的精神,他们会采取平等主义的立场观察强势法治文化和弱势法治文化,弱势法治文化从不期望去控制整个世界,强势法治文化也很难利用自身的强势去消灭弱势法治文化。从这里好像会很自然地推导出文化“和平共处”的理念,但“和平共处”其实还不是真正的世界主义,和平共处在经验的深处同康德基于自由现代性精神的永久和平一样仅仅是从国家的主体性的立场出发考虑问题的。按照这样的进路,好像强势国家与弱势国家和平共处就是在给弱势国家以恩惠,从而在根本上还是不可能真正达到平等的状态,也不可能达到真正意义上的世界和谐。这就必然需要立场转换,即从世界本身出发考虑法治类型的多元化,如同地球的生物多样性。

每个民族国家都有自身的法治传统,而每一种法治传统都是世界法治文化的有机组成部分。我们的确是要坚持一种法治多元主义的立场,但是如果每个国家过分地看重自身的传统,那就是囿于自身的主观性,而难以走向客观性,更难以走

向主观性与客观性的融合。所以,法治多元主义是在承认每个民族的法治传统的同时,要求从世界的范围内观察问题。法治多元主义在首肯每个民族国家自身特殊性的同时,必须具有世界主义的关怀,以克服自身民族法治的狭隘性。也只有在世界主义的立场中,法治多元主义才可能获得对每个民族法治国家自身的确认。如果没有世界主义的关怀,法治多元主义最终还是会被强势的法治文化所控制,弱势法治文化会失去自身存在的主体性。民族法治文化的精神魅力固然重要,但在现代世界这样一个强弱对立明显的状态下,如果不坚持世界主义的立场,则反而会使民族法治文化丧失自身的存在机遇。

黑格尔固然是一个国家主义者,但“世界精神”“世界历史”的思想无疑对思考世界主义具有重要的价值。〔1〕“国家在它们的相互关系中都是特殊物,因此,在这种关系中激情、利益、目的、才德、暴力、不法和罪恶等内在特殊性和外在偶然性就以最大规模和极度动荡的嬉戏而出现。在这种表演中,伦理性的整体本身和国家的独立性都被委之于偶然性。由于各民族作为实存着的个体只有在它们的特殊性中才具有其客观现实性和自我意识,所以民族精神的原则因为这种特殊性就完全受到了限制。各民族在其相互关系中的命运和事迹是这些民族的精神有限性的辩证发展现象。从这种辩证法产生出普遍精神,即世界精神,它既不受限制,同时又创造着自己;正是这种精神,在作为世界法庭的世界历史中,对这些有限精神行使着它的权利,它的高于一切的权利。”〔2〕世界主义就应当是这样的一种精

〔1〕 欧洲历史上早有世界主义的传统。大部分学者认为,作为犬儒主义创始人的第欧根尼是第一个提出“世界主义”思想的哲学家,他尝对人言:“我是世界公民。”而斯多葛学派也是世界主义的倡导者,它的自然法理论中充满世界主义情怀,“早期斯多亚派鲜明主张,根据自然的律令,应打破原有各城邦国家,结成自然法主导的‘世界城邦’这个大家庭,各地城邦的特殊法规只是对世界性自然大法的次要补充。”参见姚介厚:《斯多亚学派的自然法与世界主义思想》,载《社会科学战线》2010 年第 5 期。当然,世界主义在近代西方得到了理论上的完善和发展。在现代社会,“为了缓解权利不平衡引起的社会问题与环境危机愈加凸显的风险,各种世界主义思想应运而生。面对‘千面’世界主义思想,人们有必要从地方与全球、伦理与政治、现实与未来三个关系方面对世界主义进行辩证思考。在这一框架中,世界需立足于地方,地方需依托于世界;同情他人、尊重差异为基础的伦理价值与克服权利不平衡的政治策略需要紧密结合。世界主义既是着眼未来的理想,也是立足当下的现实,只有勇敢面对当下的风险,才能拥有可持续发展的未来。”这的确是个具有辩证法特质的理解。参见唐建南:《关于世界主义的辩证思考》,载《广西社会科学》2016 年第 11 期。

〔2〕 [德]黑格尔:《法哲学原理》,范扬、张企泰译,商务印书馆 1961 年版,第 351 页。

神,它从特殊的精神有限性中发展出自身的无限性,也只有在这种无限性不断展现和演绎自身的过程中,世界主义的立场才可能获得真正的现实性。世界主义的普遍性是从特殊性中辩证发展而获得的普遍性,它本身就是一种立场。

中国古人即发展出了一套天下体系。[1] 中国古人的天下立场不是一个又一个国家的特殊性立场,而是一种整体性的天下立场,也就是世界主义的立场。站在天下的立场,则四海之内都是兄弟,兄弟是天下的兄弟,就一定要遵循天下的法则。中国文化天然具有平和的本性,它不推崇战争,而是期望达到一种和谐的天下生存状态。虽然法家的法治充满了扩张性,但作为现实流动着的中国传统社会的法治却并不是扩张性的,而在于谋求天下的太平,并且为这种太平的对象化找寻到了道德的基点,从这种基点出发不断推演,逐步达到天下太平。儒家主张从身边的关系出发关怀整个天下关系,身边的关系和天下的关系实际上是相通的。天下的立场始终是儒家文化的基本关怀,天下问题是儒家思想的一个基本关切点。儒家讲求为了天下的和谐,个体乃至家族在必要的时候是可以奉献自身的利益的。这种天下关怀是与士大夫的道德情操密切关联在一起的,为儒家所推崇的君子精神绝不会为了自我或家族利益而不顾及天下,君子风范意味着责任与担当。而对于普通的民众,也并非就没有天下关怀,但这往往与国家观念的缺失具有一定的关联性,这或许也算是中国民众缺乏纯然的国家精神的缘由之一。无论如何,在一种经验的深层体验中,我们感受到中国文化跨越国家而走向世界主义的基本意向,当代中国在世界主义法治发展模式的生成中应该扮演更为重要的角色。

---

〔1〕 除了中国古人的天下关怀之外,近代中国则孕育发展了世界主义的思潮。有研究者认为:"戊戌时期世界主义主要是消除与化解中西、新旧界限,打破保守、封闭的思想藩篱;五四时期世界主义主要是削弱国家主义与民族主义,反对战争,用和平手段解决现实问题;第二次世界大战以后中国兴起的世界主义思潮,希望将中国的'大同理想'融入世界主义,对世界永久和平做出中国的贡献。"参见马克锋、孙钦梅:《近代中国世界主义的思想历程》,载《教学与研究》2014年第3期。这个判定将近代中国世界主义划分为三个阶段,体现了从世界主义立场解决中国问题及世界问题的关怀。作者在对三个发展阶段研究之后,做出了这样的概括:"通过对中国近代世界主义思想历程的梳理和考察,我们不难发现,世界主义相对于其他主义与思潮,与中国传统文化有着十分密切的关联。'天下大同''以天下为一家,中国为一人'的固有理想与追求,和西方世界的人类和平及互助、相爱的理念,几乎完全一致。无政府主义、社会主义思潮在中国之所以受到广泛欢迎,就因为其中充满了世界主义精神。"参见马克锋、孙钦梅:《近代中国世界主义的思想历程》,载《教学与研究》2014年第3期。这是一个充满经验体悟的判断,中肯而切合历史实践及文本本身。

我们坚持法治多元主义不仅是要让世界上的各个民族能够相互尊重,尊重彼此的治理方案选择的合理性,尊重不同民族自我选择的法治生活方式,同时是要各个民族能够从世界主义的立场出发理解法治多元主义。当我们从世界主义理解法治多元主义的时候,每个不同的法治国家将不再窠臼于自身的狭隘利益,而是要从整个世界,也就是中国古人所讲的天下观念出发去理解问题。实际上,当代世界已经对人类提出了这样的要求,任何法治国家仅仅从自己的立场出发都难以真正解决世界范围内的问题。人类的存在已经出现了诸多困境,这种困境不仅属于中国,也属于美国,属于整个世界。既然问题已经世界化,那么解决问题的立场也必须是世界化的。从世界主义意义上理解,当代社会已经难以从民族国家的立场解决世界性问题,立场的转化是解决当代世界问题的基本前提。世界主义是要让人们形成一种态度,表达一种对待自身生存状况的焦虑,没有焦虑和反思就不可能有对世界主义的真切理解。〔1〕只有具备哲学反思品性的理性精神才可能使人类携手并进,共同解决由于人类自身的存在和发展所造成的严重的世界问题。

坚持世界主义并不是要每个国家消除自身的个性,个性是不能被毁灭的。世界主义分为不同的思潮,〔2〕“基于普遍视角的世界主义”往往是消灭他者的个性,也就是消灭他性;“基于具体视角的世界主义”往往是认可他性;“基于反思/批判

---

〔1〕 我们已经发现,世界正在成为一个整体。这里有这样的一个理论:“现在且不去想那神秘理想可能具有的权威问题,让我们用纯理智的方法来处理‘一’与‘多’的问题,我们就可很清楚地看出实用主义究竟处于什么地位。用各种理论所产生的实际差别的实用主义标准,我们可以看到实用主义一定同样地拒绝绝对一元论与绝对多元论。世界是‘一’,但只是指它的各部分的任何确定联系结合在一起而言。世界是多,只是指它的任何确定联系已失效用而言。最后随着时间的推移,借着人类不断努力而组成的联络系统,世界正日益统一起来。”参见[美]威廉·詹姆士:《实用主义》,陈羽纶、孙瑞禾译,商务印书馆1979年版,第82页。但人类命运的统一趋势并不意味着可以在文化的诸多方面达成共识,真正的世界主义本身就包含了多元主义,世界主义与多元主义的合拍正是矛盾实践的辩证法,这里需要有一个观念的立场转换。

〔2〕 当然,分类也是多样化的。比如,除了正文中的划分,还有如下分类:“基于宇宙理性、普世理性、自然法、人性的世界主义;基于世界城邦、世界公民、万民法、帝国、世界主义法、全球民主的世界主义;基于自然权利、人权、公平、正义的世界主义;基于关系、自我与他性、对话伦理、沟通共同体、天下体系的世界主义。”参见蔡拓:《世界主义的理路和谱系》,载《南开学报(哲学社会科学版)》2017年第6期。在此主张一种基于世界本身的立场,这样才会真正生成一种宽容的世界主义,这好像与后文所谈的“涉身的世界主义”是相契合的。

视角的世界主义”则是融合他性。这些世界主义思潮是具有重要差异性的,而“反思的世界主义”在当代社会又有新的发展,即发展出了“涉身的世界主义”,“涉身的世界主义要求一种新的一体化方式,一种新的认同概念,承认他性,但并不绝对化”。[1] 法治多元主义保持了不同民族法治文化的个性,但仅仅保持个性不能解决人类所面临的世界问题,世界问题的解决只能从世界主义的立场出发才具有可操作性,才体现出人类对待自身问题的一种真诚态度。我们都期望世界和谐,世界和谐必须站在世界主义的立场去思考和把握问题,法治多元主义是法律界所表达的对于世界的一种关怀,对世界主义的一种渴望。中国古人就讲“和而不同”,它更多强调的是“和”,不过“和”只能由“不同”达到,但这并不容易实现。古人说的意思是只有“君子”才能够做到,“小人”是永远不可能实现这种境界的,“小人”们只能是“同而不和”。世界主义应当坚持君子之风,实现“和而不同”的理想境界,这应该是不同民族国家的期望与追求。只有坚持这样的态度,才可能去谋划世界和谐。立场和态度变化了,我们所看到的世界才可能是不同的世界。

在人们过去对于法治多元主义的理解中,其所坚持的立场实际上是单一化的,是从每个不同的民族国家的立场出发去理解和把握问题的,但我们这里所强调的法治多元主义却是要从世界主义的立场理解和把握问题。只有从世界多样性的统一中理解法治多元主义,法治多元主义的立场才可能转变。在很多情况下,知识界的概念往往是强调“同一性”,但当视角发生变化的时候,我们就看到了不同的世界,知识的存在方式也发生了变化。在这种视角下去理解和把握法治,则法治本身充满着宽容的美德。民族国家法治的生成仰赖于个体和政府的宽容与妥协,世界法治和谐局面的塑造则有赖于各个民族国家的宽容与妥协。充满着暴戾之气的个体与政府不会促进法治的和谐发展,弥漫着扩张本性的民族国家对世界法治和谐的生成是一种损伤。法治多元主义是一种包含着宽容与妥协精神的法治思维方式,民族国家法治以及世界法治和谐局面的塑造都需要这种多元主义的思想立场。无论是民族国家的法治,还是世界主义范式下的法治,都需要美

---

〔1〕 参见周丽昀:《四海为家的身体:“涉身的世界主义”的主体反思》,载《上海大学学报(社会科学版)》2014年第1期。当然,作者是在世界公民的意义上进行了主体反思,这里借用了“涉身的世界主义”的基本态度。这应该是法治多元主义立场的合理性态度。

德的嵌入，德性的确立不应是表面化的，而是源于主体心灵世界的内在品质。

人类业已构成一个“命运共同体”。〔1〕当代中国所特别强调的“人类命运共同体”思想中无疑也贯穿了世界主义的情怀，这或许与传统文化具有重要的关联性。中国传统文化中不仅有“天下情怀”，更有“知行合一”的精神特质，迈向实践的世界主义也就具有了牢固的传统基础。而马克思主义哲学中同样具有对整个人类关怀的世界主义精神，〔2〕当然马克思主义哲学的实践观同时意味着“行动”，哲学要在改造世界过程中消灭自身。世界主义关怀是整个人类的期望，人类共同面临的问题已经让人类具备了反思自身的条件，但关键还是行动，在行动中克服自身的主观性和片面性，让世界主义的立场逐步成为人类的世界观，这或许是“真正意义上的世界观”。当下中国已然兴起的法治理论研究的实践转向正是坚持了一种行动的世界观或实践世界观，这种世界观主张“切实的行动”，而不是无谓的争论，更不是架构抽象的知识话语。法治是“做”的结果，而不是“说”的结果。民族国家的法治是“做出来”的，而不是“说出来”的，世界主义法治和谐的局面是人类用“行动”塑造的结果，而不是任何思想家通过知识话语“说出”的结果。当然，思想依然是重要的，关于“行动”的原理要内化为人们的思想结构，“知”与“行”的统一才是改造世界的根本性思想立场。

---

〔1〕陈金钊对“人类命运共同体”进行了法理阐释，他在分析了各种解读视角之后，侧重阐发了运用法治思维和法治方法解决世界问题的法理视域。参见陈金钊：《“人类命运共同体”的法理诠释》，载《法学论坛》2018年第1期。

〔2〕“今天，我们要在全球化境遇中建设中国特色社会主义，尤其要在实践中不断坚持和发展马克思所提出的人类发展的普遍性与民族国家发展的特殊性之间的辩证法。”参见郗戈：《马克思与世界主义：历史考察与当代启示》，载《国外社会科学》2012年第1期。

参 考 文 献

一、经典类

1. 中央编译局编译:《马克思恩格斯选集》(第 1 卷),人民出版社 1972 年版。

2. 中央编译局编译:《马克思恩格斯选集》(第 3 卷),人民出版社 1972 年版。

3. 中央编译局编译:《马克思恩格斯全集》(第 1 卷),人民出版社 1956 年版。

4. 中央编译局编译:《马克思恩格斯全集》(第 3 卷),人民出版社 1960 年版。

5. 中央编译局编译:《马克思恩格斯全集》(第 42 卷),人民出版社 1979 年版。

6. 中央编译局编译:《马克思恩格斯全集》(第 46 卷上),人民出版社 1979 年版。

二、古籍类

1.《尚书》

2.《山海经》

3.《国语》

4.《左传》

5.《道德经》

6.《论语》

7.《孟子》

8.《庄子》

9.《荀子》

10.《管子》

11.《慎子》

12.《商君书》

13.《韩非子》

14.《礼记》

15.《新书》

16.《新语》

17.《淮南子》

18.《孔子家语》

19.《盐铁论》

20.《春秋繁露》

21.《太平御览》

22.《汉书》

23.《唐律疏议》

24.《阳明全书》

三、著作类

1. 贺麟:《文化与人生》,商务印书馆 1988 年版。

2. 高清海:《新世纪:“人性革命”时代》,黑龙江教育出版社 2004 年版。

3. 费孝通:《乡土中国　生育制度》,北京大学出版社 1998 年版。

4. 张国华:《中国法律思想史新编》,北京大学出版社 1998 年版。

5. 李泽厚:《世纪新梦》,安徽文艺出版社 1998 年版。

6. 李泽厚、刘绪源:《中国哲学如何登场?》,上海译文出版社 2012 年版。

7. 李泽厚:《己卯五说》,中国电影出版社 1999 年版。

8. 李泽厚:《论语今读》,安徽文艺出版社 1998 年版。

9. 李泽厚:《中国古代思想史论》,人民出版社 1986 年版。

10. 楼宇烈:《王弼集校释》,中华书局 1980 年版。

11. 武树臣:《中国法的源与流》,人民出版社 2013 年版。

12. 武树臣:《武树臣法学文集》,中国政法大学出版社 2003 年版。

13. 武树臣:《法家法律文化通论》,商务印书馆 2017 年版。

14. 邓晓芒:《黑格尔辩证法讲演录》,北京大学出版社 2005 年版。

15. 包利民、[美]M. 斯戴克豪斯:《现代性价值辩证论——规范伦理的形态学及其资源》,学林出版社 2000 年版。

16. 杨国荣:《善的里程——儒家价值体系研究》,华东师范大学出版社 2009 年版。

17. 王洁卿:《中国法律与法治思想》,台北,三民书局股份有限公司 1982 年版。

18. 章念驰编订:《章太炎演讲集》,上海人民出版社 2011 年版。

19. 韩水法:《康德物自身学说研究》,商务印书馆 2007 年版。

20. 陈弘毅:《法治、启蒙与现代法的精神》,中国政法大学出版社 1998 年版。

21. 邓晓芒:《康德哲学讲演录》,广西师范大学出版社 2005 年版。

22. 邓晓芒:《黑格尔辩证法讲演录》,北京大学出版社 2005 年版。

23. 魏英敏主编:《新伦理学教程》,北京大学出版社 1993 年版。

24. 胡适:《先秦名学史》,安徽教育出版社 1999 年版。

25. 汪子嵩:《亚里士多德 · 理性 · 自由》,河北大学出版社 2003 年版。

26. 张晋藩:《中国法律的传统与近代转型》,法律出版社 1997 年版。

27. 曾宪义主编:《中国法制史》,北京大学出版社、高等教育出版社 2000 年版。

28. 王南湜、谢永康:《后主体性哲学的视域——马克思唯物主义的当代阐释》,中国人民大学出版社 2004 年版。

29. 陈少峰:《中国伦理学史》(上),北京大学出版社 1996 年版。

30. 殷海光:《逻辑新引:怎样判别是非》,上海三联书店 2004 年版。

31. 张一兵:《马克思历史辩证法的主体向度》,南京大学出版社 2002 年版。

32. 孙正聿:《简明哲学通论》,高等教育出版社 2000 年版。

33. 虞山襟霞阁主编:《刀笔菁华》,中华工商联合出版社 2001 年版。

34. 郭道晖:《法的时代呼唤》,中国法制出版社 1998 年版。

35. 黄宗智:《清代的法律、社会与文化——民法的表达与实践》,上海书店出版社 2001 年版。

36. 张文显:《二十世纪西方法哲学思潮研究》,法律出版社 1998 年版。

37. 张文显主编:《法理学》,高等教育出版社、北京大学出版社 2003 年版。

38. 钱弘道主编:《中国法治实践学派》(第 1 卷),法律出版社 2014 年版。

39. 钱弘道主编:《中国法治实践学派》(第 2 卷),法律出版社 2015 年版。

40. 钱弘道主编:《中国法治实践学派》(第 3 卷),法律出版社 2016 年版。

41. 梁治平:《寻找自然秩序中的和谐——传统法律文化研究》,中国政法大学出版社 1997 年版。

42. 杜维明:《一阳来复》,上海文艺出版社 1997 年版。

43. 洪汉鼎:《诠释学——它的历史与当代发展》,人民出版社 2001 年版。

44. 郑永流:《法是一种实践智慧:法哲学与法律方法论文选》,法律出版社 2010 年版。

45. 舒国滢主编:《法学方法论论丛》(第 3 卷),中国法制出版社 2015 年版。

46. 葛兆光:《中国思想史》(第 1 卷),复旦大学出版社 1998 年版。

47. 马小红:《礼与法:法的历史连接》,北京大学出版社 2004 年版。

48. 王炳书:《实践理性论》,武汉大学出版社 2002 年版。

49. 江怡:《维特根斯坦传》,河北人民出版社 1998 年版。

50. 黄志军:《辩证法的实践哲学阐释》,社会科学文献出版社 2015 年版。

51. 苏力:《送法下乡——中国基层司法制度研究》,中国政法大学出版社 2000 年版。

52. 邓正来:《国家与社会:中国市民社会研究》,北京大学出版社 2008 年版。

53. 马长山:《国家、市民社会与法治》,商务印书馆 2002 年版。

54. 张静:《国家与社会》,浙江人民出版社 1998 年版。

55. 赖永海:《中国佛教文化论》,中国青年出版社 1999 年版。

56. 何世明:《基督教儒学四讲》,宗教文化出版社 1999 年版。

57. 金人叹、吴果迟编著:《断案精华》(下册),海峡文艺出版社 2003 年版。

58. 李贵连:《法治是什么》,广西师范大学出版社 2013 年版。

59. 徐爱国、李桂林:《西方法律思想史》,北京大学出版社 2009 年版。

60. 江照信:《中国法律看不见中国:居正司法时期研究》,清华大学出版社 2010 年版。

61. 吴彤:《复杂性的科学哲学探索》,商务印书馆 2021 年版。

62. 苗东升:《复杂性管窥》,中国书籍出版社 2020 年版。

63. 毕道村:《现代化起源——用复杂性科学解密西方世界的兴起》(三卷本),人民出版社 2021 年版。

64. 武建敏:《实践法哲学:理论与方法》,中国检察出版社 2015 年版。

65. [古希腊]柏拉图:《游叙弗伦　苏格拉底的申辩　克力同》,商务印书馆 1983 年版。

66. [古希腊]柏拉图:《理想国》,商务印书馆 1986 年版。

67. [古希腊]亚里士多德:《政治学》,商务印书馆 1981 年版。

68. [古希腊]亚里士多德:《尼各马科伦理学》,苗力田译,中国社会科学出版社 1990 年版。

69. [荷兰]斯宾诺莎:《神学政治论》,温锡增译,商务印书馆 1963 年版。

70. [英]洛克:《政府论》(下册),叶启芳、瞿菊农译,商务印书馆 1964 年版。

71. [英]洛克:《论宗教宽容》,吴云贵译,商务印书馆 1982 年版。

72. [德]黑格尔:《法哲学原理》,范扬、张企泰译,商务印书馆 1961 年版。

73. [德]黑格尔:《小逻辑》,贺麟译,商务印书馆 1980 年版。

74. [法]托克维尔:《美国的民主》(上下卷),商务印书馆 1988 年版。

75. [法]孟德斯鸠:《论法的精神》(上册),商务印书馆 1963 年版。

76. [英]休谟:《人类理解研究》,关文运译,商务印书馆 1957 年版。

77. [法]卢梭:《论不平等的起源和基础》,李常山译,商务印书馆 1997 年版。

78. [美]威廉·詹姆士:《实用主义》,陈羽纶、孙瑞禾译,商务印书馆 1979 年版。

79. [德]K. 茨威格特、H. 克茨:《比较法总论》,潘汉典等译,法律出版社 2004 年版。

80. [法]让·马克·夸克:《合法性与政治》,佟心平、王远飞译,中央编译出版社 2002 年版。

81. [俄]伊林:《法律意识的实质》,徐晓晴译,清华大学出版社 2005 年版。

82. [英]哈耶克:《自由秩序原理》,邓正来译,三联书店 1996 年版。

83. [德]马丁·海德格尔:《存在与时间》,陈嘉映、王庆节译,生活·读书·新知三联书店 2014 年版。

84. [德]康德:《历史理性批判文集》,何兆武译,商务印书馆 1990 年版。

85. [法]皮埃尔·布迪厄:《实践感》,蒋梓骅译,译林出版社 2003 年版。

86. [美]杰罗姆·巴伦、托马斯·迪恩斯:《美国宪法概论》,刘瑞祥等译,中国社会科学出版社 1995 年版。

87. [美]艾伦·德肖维茨:《法律创世纪——从圣经故事寻找法律的起源》,林为正译,法律出版社 2011 年版。

88. [英]约翰·希克:《宗教之解释——人类对超越者的回应》,王志成译,四川人民出版社 1998 年版。

89. [德]伽达默尔:《科学时代的理性》,薛华等译,国际文化出版公司 1988 年版。

90. [英]恩斯特·拉克劳:《我们时代革命的新反思》,孔明安、刘振怡译,黑龙江人民出版社 2007 年版。

91. [英]安东尼·吉登斯:《民族——国家与暴力》,胡宗泽、赵力涛、王铭铭译,生活·读书·新知三联书店 1998 年版。

92. [美]理查德·罗蒂:《偶然、反讽与团结》,徐文瑞译,商务印书馆 2003 年版。

93. [美]C. 赖特·米尔斯:《社会学的想象力》,李康译,北京师范大学出版社 2017 年版。

94. [美]胡斯托·L. 冈萨雷斯:《基督教史》(下卷),赵城艺译,上海三联书店 2016 年版。

四、论文类

1. 朱德生:《传统辨》,载《北京大学学报(哲学社会科学版)》1996 年第 5 期。

2. 武树臣:《三十年的评说——"阶级本位·政策法"时代的法律文化》,载《法律科学》1993 年第 5 期。

3. 武树臣:《法家法治思想的再评判》,载《华东政法学院学报》1998 年创刊号。

4. 武树臣:《寻找最初的德——对先秦德观念形成过程的法文化考察》,载《法学研究》2001 年第 2 期。

5. 武树臣:《中国法律文化精神中的六个重要传统》,载《人民论坛》2014 年第 21 期。

6. 武树臣、武建敏:《中国传统法学实践风格的理论诠释——兼及中国法治实践学派的孕育》,载《浙江大学学报(人文社会科学版)》2013 年第 5 期。

7. 武树臣:《法家的师承:出乎儒而返乎儒》,载《山东大学学报(哲学社会科学版)》2017 年第 1 期。

8. 衣俊卿:《马克思主义哲学演化的内在机制研究》,载《哲学研究》2005 年第 8 期。

9. 黄玉顺:《实践主义:马克思哲学观》,载《学术界》2000 年第 4 期。

10. 孙正聿:《从两极到中介:现代哲学的革命》,载《哲学研究》1988 年第 8 期。

11. 邓晓芒:《康德论道德与法的关系》,载《江苏社会科学》2009 年第 4 期。

12. 杨芳:《现代性是一项未竟的事业》,载《贵州大学学报(社会科学版)》2006 年第 6 期。

13. 赵敦华:《现代性是一项未竟的谋划》,载《中国社会科学报》2013 年 10 月 21 日,第 6 版。

14. 王南湜:《从两极到中介:理论创新的辩证法》,载《光明日报》2009 年 6 月 9 日理论周刊。

15. 钱弘道、王梦宇:《以法治实践培育公共理性——兼论中国法治实践学派的现实意义》,载《浙江大学学报(人文社会科学版)》2013 年第 5 期。

16. 邱本、徐博峰:《中国法治发展道路与中国法治实践学派》,载《浙江大学学报(人文社会科学版)》2013 年第 5 期。

17. 姚建宗:《中国语境中的法律实践概念》,载《中国社会科学》2014 年第 6 期。

18. 潘德荣:《偶然性与罗蒂新实用主义》,载《华东师范大学学报(哲学社会科学版)》2005 年第 1 期。

19. 王申:《法官的实践性知识与智慧导向》,载《法制与社会发展》2011 年第 6 期。

20. 曾宪义、马小红:《中国传统法的结构和基本概念辨正——兼论古代礼与法的关系》,载《中国社会科学》2003 年第 5 期。

21. 曾宪义、马小红:《中国传统法研究中的几个基本问题》,载《法学研究》2003 年第 3 期。

22. 高剑平:《科学理性概念的界定》,载《广西民族学院学报(哲学社会科学版)》2004 年第 3 期。

23. 马作武、李平龙:《中国近代法治理论的形成及演变》,载《中山大学法律评论》2010 年第 1 期。

24. 葛懋春:《论商鞅法治的主要目的是什么?——评梁效〈论商鞅〉》,载《文史哲》1977 年第 3 期。

25. 司史:《论封建法治的阶级实质》,载《教育革命》1978 年第 2 期。

26. 朱诚如:《论地主阶级的"法治"》,载《辽宁师院学报》1978 年第 1 期。

27. 胡华:《关于民主法治、生产力革命和反对极"左"思潮问题》,载《哲学研究》1978 年第 12 期。

28. 杨鹤皋:《试论韩非的法治理论》,载《北京政法学院学报》1979 年第 1 期。

29. 张国华:《略论春秋战国时期的"法治"与"人治"》,载《法学研究》1980 年第 2 期。

30. 段秋关:《现代法治与古典法治》,载《西北大学学报(哲学社会科学版)》2016 年第 4 期。

31. 白利鹏、师庭雄:《"历史规律复杂性视角"之研究进路述略》,载《社会科学战线》2012 年第 9 期。

32. 王志勇:《莱布尼兹的偶然性理论》,载《暨南学报(社会科学版)》2012 年第 5 期。

33. 武建敏:《马克思对现代性法哲学的批判与超越》,载《法学杂志》2011 年第 1 期。

34. 武建敏:《马克思法哲学的经济学前提及其超越》,载《河北大学学报(社会科学版)》2011 年第 4 期。

35. 武建敏:《中国法治实践学派的哲学基础》,载《浙江大学学报(人文社会科学版)》2016 年第 3 期。

36. 武建敏:《实践法学要义》,载《河北法学》2009 年第 1 期。

37. 栗志刚:《文化·宗教·法治——关于人本主义文化传统与中国法治的思考》,载《南京师大学报(社会科学版)》2001 年第 2 期。

38. 徐贵相:《中国特色社会主义法治理论的基本内涵》,载《刊授党校》2014 年第 12 期。

39. 李龙:《中国特色社会主义法治理论体系刚要》,载《法学杂志》2010 年第 1 期。

40. 李林:《当代中国语境下的民主与法治》,载《法学研究》2007 年第 5 期。

41. 李林:《坚持和发展中国特色社会主义法治理论》,载《求是》2015 年第 3 期。

42. 马腾:《儒法意识形态之文化史漫谈——以殷周巫师王官为线索》,载《殷都学刊》2015 年第 1 期。

43. 张耀南:《论中国哲学的"世界主义"视野及其价值》,载《北京大学学报(哲学社会科学版)》2005 年第 3 期。

44. 李占荣:《宪法反映的两种世界观及其可能的发展路向》,载《河北法学》2009 年第 9 期。

45. 米健:《比较法·共同法·世界主义》,载《比较法研究》2011 年第 1 期。

46. 陈金钊:《对法治作为社会主义核心价值观的诠释》,载《法律科学》2015 年第 1 期。

47. 陈金钊:《"人类命运共同体"的法理诠释》,载《法学论坛》2018 年第 1 期。

48. 周丽昀:《四海为家的身体:"涉身的世界主义"的主体反思》,载《上海大学学报(社会科学版)》2014 年第 1 期。

49. 蔡拓:《世界主义的理路和谱系》,载《南开学报(哲学社会科学版)》2017 年第 6 期。

50. 马克锋、孙钦梅:《近代中国世界主义的思想历程》,载《教学与研究》2014 年第 3 期。

51. 姚介厚:《斯多亚学派的自然法与世界主义思想》,载《社会科学战线》2010 年第 5 期。

52. 唐建南:《关于世界主义的辩证思考》,载《广西社会科学》2016 年第 11 期。

53. 马长山:《市民社会与政治国家:法治的基础和界限》,载《法学研究》2001 年第 3 期。

54. 曾庆捷:《乡村中的国家与社会关系:理论范式与实践》,载《南开学报(哲学社会科学版)》2018 年第 3 期。

55. 傅永军、尚文华:《道德情感与心灵改善——简论康德理性宗教的道德奠基》,载《山东大学学报(哲学社会科学版)》2012 年第 5 期。

56. 贠杰:《有限政府论:思想渊源与现实诉求》,载《政治学研究》2005 年第 1 期。

57. 陈国权:《论法治与有限政府》,载《浙江大学学报(人文社会科学版)》2002 年第 2 期。

58. 施向峰:《以人为本的人学意蕴与服务型政府的三重构成》,载《中国行政管理》2009 年第 2 期。

59. 姜明安:《法治政府建设的四个关键点》,载《人民论坛》2018 年第 13 期。

60. 汪仕凯:《从国家——社会分析框架到政治社会理论:再论现代国家的政治基础》,载《社会主义研究》2018 年第 3 期。

61. 王晓洁:《从文本到思想——章太炎〈齐物论释〉中的诠释方法 》,载《现代哲学》2020 年第 5 期。

62. 梅寒:《求真、求通、求用——论章太炎解〈易〉的三种维度》,载《吉林师范大学学报》2021 年第 6 期。

63. 宋洪兵:《章太炎的法家观及其政治思想的法家因素》,载《政治学研究》2021 年第 5 期。

64. 耿振东:《西学与古谶对章太炎的学士纠缠》,载《东岳论丛》2018 年第

1 期。

65. 亓同惠:《论章太炎理解的平等与自由》,载《西南政法大学学报》2020 年第 4 期。

66. 沈顺福:《论儒家心灵哲学纲领》,载《社会科学家》2017 年第 1 期。

67. 沈顺福:《论儒家哲学的两个传统》,载《周易研究》2018 年第 1 期。

68. 吴志辉:《清末"礼法之争"的评价与启示》,载《人民论坛》2013 年第 26 期。

69. 林来梵:《法治的个别化模式》,载《环球法律评论》2014 年第 1 期。

70. 张剑:《〈钦定宪法大纲〉与清末政治博弈》,载《史学月刊》2007 年第 6 期。

71. 喻中:《近代法治信念是怎样形成的:一个思想史的考察》,载《法学论坛》2011 年第 1 期。

72. [美]詹姆斯·博曼、张宪丽:《世界主义、共和主义与法治》,载《国外理论动态》2015 年第 2 期。

73. [英]B. 巴恩斯、D. 布鲁尔、鲁旭东:《相对主义、理性主义和知识社会学》,载《哲学译丛》2001 年第 1 期。

74. M. T. 桑顿:《亚里士多德式的实践理性》,载徐向东编:《实践理性》,浙江大学出版社 2011 年版。

75. 大卫·威金斯:《慎思与实践理性》,载徐向东编:《实践理性》,浙江大学出版社 2011 年版。

76. 郗戈:《马克思与世界主义:历史考察与当代启示》,载《国外社会科学》2012 年第 1 期。

五、英文类

1. *The Rule of Law*, Edited by Ian Shapiro, New York University Press, 1994.

2. Aristotle:*Nicomachean Ethics*, Second Edition, Translated by Terence Irwin, Hackett Publishing Company, Inc., 1999.

3. Trevor Ling, *A History of Religion East and West: An Introduction and Interpretation*, Macmillan, and St. Martin's Press, 1968.

4. Samuel J. M. Donnelly, *A Personalist Jrrisprudence, The Next Step: A Person-Centered Philosophy of Law for The Twenty-First Century*, Carolina Academic Press, 2003.

5. Gary J. Jacobsohn, *Pragmatism, Statesmanship, and The Supreme Court*, Cornell University Press, 1977.

6. Richard H. Fallon, Jr. , *The Rule of Law as A Concept in Constitutional Discourse*, Columbia Law Review 1997, No. 1.

7. Susanna L. Blumenthal, *Metaphysics, Moral Sense, and the Pragmatism of the Law*, Law and History Review February 2008, No. 1.

后　记

在中国的学术话语中，法治的问题与法律的问题有时是很难分清楚的，这两者同时又都是法学的问题。世界上恐怕没有其他国家像中国这样有如此众多的关于法治的讨论，若在图书馆进行搜索，关于法治的论著可以说多如牛毛。我现在出版这样一本著作，感觉有些不好意思，为给图书馆又增加了一本法治读物深感抱歉。但请诸位同仁放心，我对法治的表达是出自真心的，阅读这本书即是在感受我的真实想法，尽管很多想法还很幼稚单纯，甚至有些想法还很可笑，然而可笑的也是真实的。

本书采取了实践论的基本立场。在法哲学理论方面，我使用了实践法哲学的概念，我将其视为理论与方法的统一。实践法哲学原理向法治领域的贯彻，就产生了法治思维的实践转向，无论是对于中国古典社会法治的阐释，还是对当下中国法治发展中所存在问题的分析，以及对法治运行机理的把握，我都无一例外地贯彻了实践法哲学的方法论。实践论的立场意味着法治思维方式的革命，我既反对构造主义的发展路径，也反对单纯的本土化进路，实践主义的立场克服了两极对立的思维方式，从而是一种与辩证法相通的哲学立场。当然，辩证法一定是实践的，只有在人类自身的生活实践中，才可能有辩证法的存在，实践论的立场同时意味着实践辩证法的立场和态度，这是一种真正切入事物本身的思想方式。

本书具有一种类型学的基本进路。在我的观念中，尽管有一个关于法治一般的概念，但正是这个“一般”却拒绝一种绝对的法治概念。按照哲学的精神，世界上并没有“一般”的实际存在，存在的都是承载了“一般”的“个别”，这便是类型学的思路，这当然是一种辩证法的精神，是实践的辩证法之自然表达。因此，法治类型学的思想进路也是一种实践论的思想表达，每个民族的文化社会心理环境不同，则就会存在不同的法治类型，这一点在根本上是不容置疑的。现代中国人总以为从欧洲近代启蒙思想所开出的法治才是真正的法治,也就是唯一的法治类型,这就是把特殊性当作普遍性了,同时也用一种特殊性消弭了另一种特殊性,将概念绝对化就会用知识去解构生活,当法治忽略了自身不同的生活依赖的时候,也就只能形成片面的法治观了。中国一定会形成自身独特的法治类型的,沉入中国自身的生活与传统当中,才是谋划中国法治发展道路的根本切入点,那些不"亲历"中国的人,是不可能对中国法治发展道路提出合理化的实践进路的。

本书的思想进路与中国法治实践学派的基本理论是相契合的。中国法治实践学派是呼应中国历史实践,针对当下中国所提出的一个概念,有时人们将该学派也称为实践法学派。笔者认为,从理论上讲称其为"实践法学派"更恰当,而从法治行动层面则称其为"法治实践学派"更为契合,无论怎样称呼这个学派,其核心乃在于"实践",因此是真正的"实践学派"。实践学派要谋划自身的理论体系,这个理论需要对"实践""实践理性""实践智慧""实践世界观""实践合理性"等概念进行深入的阐释,这是打造法律实践主义的法哲学理论的根本前提。但同时实践学派要有自身的行动方略,在行动中推动中国法治的发展。这就需要形成学派自身的法治理论,这是一种基于实践法治观的复杂性理论,其间的诸多机理是很难认识清楚的,那种号称把握了法治发展规律的说法是非常荒谬的,我们正是在"亲历"法治实践的过程中,才可能逐步完善关于法治的基本原理。但我们必须清楚,基于"实践"及"实践智慧"的法治行动,一定要珍视人的立场,从实践智慧出发所把握的法治发展理论是法治发展的辩证法原理,缺失了实践智慧的维度,就难以对法治发展提出合理的理论方略。

感谢恩师武树臣教授在学术上对我的导引!感谢段秋关教授、马小红教授所给予我的启迪和帮助!感谢郭登科先生对我的激励与帮助!感谢董兆伟教授、王凤鸣教授、武建奇教授、申富平教授、柴振国教授、郭广辉教授在诸多方面的鼓励、支持与帮助!感谢王利军教授、王思锋教授、武玉鹏教授、李一凡教授、胡海涛教授、成剑教授、代水平教授、李大庆教授的大力支持与帮助!感谢刘晓萌老师、单洁老师、马丽娟老师、王美懿老师为本书出版所付出的辛勤劳动!在这里不再一一叙述给予我诸多帮助的前辈、同仁和友人的名字,铭记于心是我的本分!

本书由河北经贸大学地方法治建设研究中心资助,在此深表谢意!书中部分文字是已经发表过的,将其与未曾发表过的文字结合为一个整体,大体上还说得过去。书中不周之处,请学界同仁批评指正。愿与大家共勉!

武建敏

2022 年 9 月